행복하냐는
질문에 대답할 수 없다면

HAPPY, HEALTHY MINDS

Copyright © The School of Life 2020
Illustrations © Lizzy Stewart
All rights reserved.

Korean Translation Copyright © 2022 by MiraeN Co., Ltd.
Korean edition published in agreement with THE SCHOOL OF LIFE through EYA(Eric Yang Agency), Seoul.

이 책의 한국어판 저작권은 EYA(Eric Yang Agency)를 통한 저작권자와의 독점 계약으로 미래엔에 있습니다.
저작권법에 의해 한국 내에서 보호를 받는 저작물이므로 무단전재와 무단복제를 금합니다.

— 알랭 드 보통 —

행복하냐는 질문에 대답할 수 없다면

알랭 드 보통, 인생학교 지음
신인수 옮김

차례

들어가는 글
**건강한 정신,
행복한 마음**
006

제1장
부모님
016

제2장
스크린
059

제3장
괴롭힘
072

제5장
학교
089

제4장
내 안의 어린아이
082

제6장
친구
103

제7장
우리 몸
123

제8장 오해받는 기분 138

제9장 화 147

제11장 자신감 159

제10장 불안 153

제12장 인내심 167

제13장 자연 171

제14장 어른의 세계 175

제15장 독립하기 189

들어가는 글

건강한 정신,
행복한 마음

우리 뇌는 복잡하고 똑똑한 기계 같다고 할 수 있어요. 우리는 똑똑한 뇌 덕분에 23만 9121의 제곱근을 구하고, 외국어로 쓰인 시를 10페이지나 외우고, 폭풍우를 뚫고 비행기를 몰거나, 프랑스어 불규칙 동사를 설명하는 동시에 버섯과 시금치를 넣은 라자냐를 만드는 등 특별한 일들을 할 수 있지요. 뇌의 무게는 우리 체중의 2퍼센트에 지나지 않지만, 사용하는 에너지는 우리 몸이 사용하는 전체 에너지의 20퍼센트에 달해요. 전구에 불을 켜기에 충분한 정도이지요.

뇌는 약간만 관리해 줘도 굉장히 효율적으로 일해요. 오렌지 주스와 치즈 과자를 먹고, 한 번씩 맑은 공기를 쐬고, 가끔 마음이 편

안해지는 영화를 보면 뇌는 우리가 어려운 단어를 쓸 때 맞춤법을 틀리지 않고, 지진이 일어나는 원리를 설명하고, 오랜만에 만나는 친척들의 이름도 딱딱 떠오르게 해 주지요.

우리는 몸속 다른 기관들처럼 마음에도 적절한 주의와 관심을 기울여야 해요. 지금은 팔다리 운동을 꼭 해야 한다는 걸 모르는 사람이 없지만, 200년 전에는 팔다리와 가슴을 쭉 펴고 스트레칭하는 것을 좋아하는 사람이 거의 없었어요. 돈만 있으면, 마을을 오가는 것처럼 가까운 거리를 다닐 때도 두 발로 걷는 대신 마차를 타고 이동했지요.

하지만 오늘날에는 그게 일찍 죽는 지름길이라는 것을 잘 알아요. 근육은 우리가 사용하지 않으면 그대로 닳아 없어지거든요. 그래서 어른들은, 심지어 부자들도 틈만 나면 러닝머신을 밟으며 제

자리걸음을 하는 거예요.

  이 책은 정신 또는 마음에 관한 책이에요. 헬스장에 다니며 몸을 건강하게 관리하듯 마음과 정신을 건강하게 유지하는 방법을 다뤄 볼 거예요. 정신 건강을 유지하기 위해서는 기본적으로 챙겨야 할 것들이 있어요. 우선 잠을 충분히 자야 해요. 뇌는 잠을 자는 동안 우리 몸을 회복시켜 줘요. 올바른 식단을 지키는 것도 중요해요. 당근 같은 야채나 싱싱한 샐러드처럼 건강하고 맛있는 음식을 먹으면 뇌가 잘 움직이지요. 건강한 정신 상태를 유지하기 위해 가장 중요한 것은 좋은 생각을 하는 거예요. 정신이 건강하다는 말은 쓸데없는 걱정을 하지 않고, 인생을 충분히 즐기고, 일이 틀어져도 쉽게 흥분하지 않고, 눈앞에 닥친 상황에 너무 화내지 않는 상태를 뜻해요.

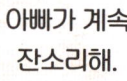

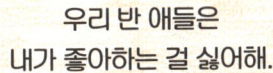

우리는 여러 문제들을 잘 해결하며 살고 있어요. 배고프면 밥을 먹고, 추우면 옷을 껴입거나 히터를 켜요. 손가락이 부러지면 깁스를 하고, 귀에 염증이 나면 병원에 가서 약을 처방 받지요. 하지만 대처하기 힘든 문제들도 있답니다. 마음에 관한 문제가 특히 그렇지요. 마음에 관한 문제는 어떤 일이나 사람 때문에 화가 났을 때 내 마음에 생기는 생각이나 감정과 관련 있어요.

마음에 문제가 생기는 건 당연한 일이에요. 친구들도 저마다 마음의 문제를 안고 있어요. 어른들도 직업, 돈, 가족 등 다양한 문제로 마음이 복잡해요. 그건 유명한 사람들도 마찬가지랍니다.

다른 사람이 마음에 어떤 문제를 가졌는지는 알기 힘들어요. 상대방이 말하기 전에는 알 수 없거든요. 우리는 대체로 이런 얘기는 서로 잘 안 하잖아요. 문제 있는 사람처럼 보이거나, 나약해 보이거나, 동정받기 싫어서요. 하지만 다들 가끔씩 어려움에 부딪히고, 나약해지고, 힘들어지곤 해요. 다시 말해, 그런 느낌이 드는 것은 지극히 정상이에요.

마음에 문제가 생겼을 때는 머리에 붕대를 감아 봤자 소용없어요. 학교 생활이 즐겁지 않거나 부모님에게 화가 났을 때, 이런 문제를 한번에 나아지게 해주는 알약은 없어요. 하지만 도움이 되는 방법은 분명 있어요.

새로운 깨달음 얻기.

세 살짜리 아이가 블록으로 탑을 쌓고 있다고 생각해 봅시다. 다른 아이가 옆에서 폴짝 뛰다가 부딪쳐서 블록 탑이 무너지고 말았어요. 탑을 쌓던 아이는 화가 나서 "미워! 너 때문에 내 탑이 무너졌잖아!" 하고 소리를 질러요.

여러분이 이 아이를 달랜다면 어떤 말을 해 줄 건가요? 아마 '우연한 사고'였다는 걸 깨우쳐 주려고 할 거예요. 나쁜 일이 일어났지만 상대방이 일부러 그런 건 아니었다고요. 어떤 사고가 우연히 일어날 수 있다는 깨달음은 마음을 안정시키는 데 꽤 도움이 돼요. 언제였는지 기억나지 않겠지만, 여러분은 이미 이 사실을 배웠어요. 이제는 여러분이 누군가에게 (어쩌면 자기 자신에게) 이 깨우침을 알려 줄 차례예요.

이번에는 찬장에 호랑이가 숨어 있을까 봐 걱정하는 네 살짜리 꼬마를 상상해 봅시다. 이 아이에게 뭐라고 말해 줄까요? 바보 같은 소리 좀 하지 말라고 할 수도 있겠지요. 혹은 장난기가 발동해서, 나도 그 호랑이를 봤는데 아주 배고파 보였다며 겁줄지도 모르고요.

하지만 정말 궁금하다는 듯이 다정하게 질문해 볼 수도 있어요. 호랑이는 어디에서 왔을까? 동물원을 빠져나왔다면 어떻게 사람들 눈에 띄지 않고, 경찰에 신고되지도 않고 길거리를 지나왔을까? 집 안에는 또 어떻게 들어왔고? 호랑이가 열쇠 구멍에 발톱을 넣어 문을 여는 건 힘들지 않았을까? 찬장 문은 어떻게 열었을까? 찬장에 물건이 꽉 차 있는데, 호랑이가 들어갈 자리가 있었을까?

여러분은 아이에게 이런저런 질문을 던지고 있지만, 사실은 커다란 깨달음을 제시하고 있는 거예요. 상황을 차분하게 바라보고, 자신이 느끼는 두려움이 진짜인지 아닌지 짚어 봐야 한다는 깨달음을요. 이제 아이는 나쁜 일이 생기는 건 끔찍한 마법 때문이 아니라는 것을 깨우칠 거예요. 이처럼 힘들거나 어려운 일이 생기면 어떻게 해서 그런 일이 벌어진 것인지 설명할 수 있어야 해요.

잘 생각해 보면 호랑이가 어떻게 찬장 안에 들어간 것인지 설명할 수 없다는 것을 깨닫게 돼요. 그러면서 찬장에 호랑이가 없다는 결론에 이르게 되지요. 차분하게 깊이 생각해 보는 것은 큰 도움이 돼요. 정말이에요. 어떻게 설명할 수 있을지 생각하다 보면 두려움은 대부분 사라져 버려요. 자신이 느끼는 두려움의 실체는 사실 존재하지 않는다는 걸 깨닫기 때문이지요. 방금 여러분은 많은 어른이 마음속에 간직하고 있는 중요한 교훈을 배웠어요. 두려움은 진짜가 아니라는 것을요.

이 책은 이런 교훈처럼 마음에 생긴 문제를 해결하는 데 도움이 될 만한 깨달음을 담고 있어요. 이 책을 읽는 건 건강한 몸을 유지하기 위해 헬스장에 가는 것과 비슷해요. 다만, 아령을 들어 올리는 것처럼 몸을 움직여 훈련하는 게 아니라 다양한 깨달음을 끌어내기 위해 마음을 훈련할 거예요. 어떤 건 꽤 어렵고, 어떤 건 꽤 새로울 거예요. 또 어떤 건 이미 가족이나 친구들에게 한 번쯤 들어 봤을 수도 있어요. 어쨌든 여러분의 머리와 가슴을 유연하게 하는 데 도움이 될 거예요.

이제부터 다양한 마음의 문제를 살펴보고, 그 문제를 다루기에 가장 좋은 방법들을 얘기해 볼게요. 이 책을 읽고 나면 건강하고 행복한 마음으로 매일 신나는 하루를 맞이하게 될 거예요.

그럼, 마음에 나타나는 다양한 문제를 떠올려 보고, 어떤 깨달음이 우리에게 도움이 될지 살펴봅시다.

제1장

부모님

부모님을 선택할 순 없다

인간의 특징 중 하나는 어떤 부모를 만나는지가 굉장히 중요하다는 거예요. 인간은 꽤 오랫동안 혼자서는 아무것도 못 하는 상태로 지내요. 적어도 20년 동안은 부모님의 보살핌과 지원이 필요하지요. 좋든 나쁘든 부모님의 가치관과 성격에 영향을 받기에 아주 충분한 시간이에요.

다른 동물들은 달라요. 말은 태어나서 30분만 지나면 스스로 일어나서 달려요. 인간이 태어나서 첫 단어를 말하기도 전에 말은 어른이 돼요. 세상에는 태어난 뒤 부모와 1분도 함께 지내지 않는 생물이 굉장히 많아요. 대부분의 물고기는 알에서 나오자마자 스스로 살아가요. 세상에서 가장 큰 생명체인 대왕고래도 다섯 번째 생일쯤이면 모든 발달을 마친답니다.

하지만 사람은 열여덟 살 즈음이 될 때까지 부모님과 약 2만 5000시간을 함께 보내요. 아주 행복한 일이지요. 부모님은 세상 그 누구보다 여러분을 사랑하시니까요. 하지만 가끔 문제가 생기기도 해요.

부모님은 이렇게 오랜 시간 동안 여러분 인생의 거의 모든 것을 책임져요. 여러분이 어디에 살지, 휴일에는 어디로 여행 갈 것인지까지도 결정해요. 여러분이 몇 시에 자야 하는지, 어떤 음식을 먹어야 하는지 말해 주고, 물건을 살 때도 무엇이 싸고 비싼지 알려 줘요. 여러분이 어디에 가고 싶다고 하면 데려다주기도 해요.

그러면서 부모님은 여러분에게 여러 방식으로 큰 영향을 줘요. 아빠가 요리에 관심이 많다면, 여러분은 다양한 요리를 알고 있을 거예요. 아빠에게 오븐 쓰는 방법을 배웠을 수도 있어요. 엄마가 음악에 관심이 많다면, 여러분은 학교 친구들이나 선생님도 모르는 노래를 많이 알고 있을 거예요.

부모님이 뉴스를 꼭 챙겨 볼 수도 있고, 전혀 안 볼 수도 있어요. 여러분의 집은 깔끔한가요, 지저분한가요? 그건 부모님이 어떤 사람인가에 따라 다를 거예요. 가족과 함께 식사하는 광경을 떠올려 보세요. 다 같이 식탁에 둘러앉아 재미있는 이야기를 나누나요, 아니면 거실에서 함께 텔레비전을 보며 밥을 먹나요? 둘 다 좋지만, 매우 다른 식사 방식이지요. 부모님은 문제가 생기면 차분하게 반응하나요, 놀라서 어쩔 줄 몰라 하나요? 부모님은 약속 시간에 늦는 편인가요, 시간에 딱 맞춰 도착하는 편인가요?

여러분이 어린아이였을 때는 이런 것들을 전혀 신경 쓰지 않았을 거예요. 하지만 점점 커가면서 새로운 깨달음을 얻게 되지요.

부모님도 평범한 사람이다.

우리 부모님은 다른 아이들의 부모님과 꽤 다를 거예요. 어떤 부모님과 사느냐에 따라 여러분의 삶은 크게 달라져요. 만약 다른 어른과 산다면, 여러분의 일상은 지금과 완전히 달라졌을 수도 있어요.

부모님은 우리 삶에 가장 중요한 영향을 끼치는 사람인데도 우리는 부모님을 선택할 수 없어요. 그리고 대개 내가 상상하는 부모님과 실제 부모님 사이에는 큰 차이가 있죠. 잠깐! 그런데 이렇게 생각할 수도 있잖아요. 부모님도 여러분이 어떤 아이일지 몰랐다고요.

우리 애가 마술을 좋아할까?

열한 살에는 어떤 아이가 되어 있을까? 열여덟 살에는? 마흔다섯 살에는?

나보다 똑똑할지도 몰라.

나랑 수영장에 가는 걸 좋아할까?

내 농담에 웃어 줄까?

행복하면 좋겠어.

어린아이들은 부모님이 모든 걸 알고 있고 무엇이든 할 수 있다고 생각해요. 하지만 나이를 먹을수록 부모님도 서툴고 잘못할 수 있다는 사실을 깨닫게 되지요. 부모님은 춤을 못 출 수도 있고, 맞춤법이 틀릴 수도 있어요. 늦잠을 자거나, 일할 때 투덜거리고, 썰렁한 농담을 할 수도 있어요. 가끔은 부모님이 짜증 나는 순간도 있을 거예요.

우리 애가 드럼을 칠지도 몰라.

어떤 음식을 좋아할까?

체스를 좋아할까?

뭘 좋아하든 나는 우리 아이를 사랑할 거야.

정리 정돈을 잘할까?

이럴 때 엄마 아빠가 짜증 난다

잔소리는 정말 싫어

부모님은 별로 춥지 않은 날에도 모자를 쓰고 겉옷을 입으라고 잔소리해요. 야채를 먹으면 더 건강해질 거라면서 억지로 먹이려고 하고, 양치했냐고 끊임없이 물어보지요.

당연히 짜증 날 거예요. 이때 마음을 가라앉히기 위해 꼭 해야 할 질문이 있어요. 부모님들은 대체 왜 그렇게 잔소리를 멈추지 않는 걸까요? 부모님이 끔찍한 사람이라서 그런 건 아니에요.

여러분이 연약한 아기였을 때 부모님은 걱정이 많았어요. 아기는 춥다 싶으면 감기에 걸리고, 계단 가까이 가면 굴러 떨어지기 일쑤잖아요. 제때 제대로 먹이지 않으면 건강하게 자라지 못해요. 조심하지 않으면 자동차 사고를 당할 수 있다는 사실도 몰라요. 그래서 부모님은 여러분을 밖에 데리고 나갈 때마다 신경을 곤두세워야 했어요. 여러분은 기억나지 않겠지만, 여러분이 태어나고 나서 몇 년 동안이나 그랬다고요. 그러다 보니 부모님의 뇌는 자식에게 무슨 일이 생길까 봐 노심초사하는 습관이 들었어요. 이제 여러분은 그렇게 걱정하지 않아도 될 만큼 컸는데, 부모님은 그 습관을 쉽게 버리지 못하는 거예요.

이런 말도 있어요. "자식이 스무 살이든 쉰 살이든, 부모에겐 다 어린아이다." 할머니 할아버지가 엄마 아빠를 대하는 모습을 유심히 보면 알 수 있어요. 아빠는 할머니에게 여전히 잔소리할 거리가 많은 코흘리개 어린아이일 거예요! 이런 행동이 맞는다고 얘기하려는 게 아니에요. 그냥 그렇다는 거예요. 비가 오면 오는가 보다 하듯이, 부모님의 그런 모습을 있는 그대로 받아들이세요.

그리고 다른 점에 집중해 봐요. 사람들은 대개 자신이 관심 있는 것에 신경을 곤두세운다는 사실을 잊지 말자고요. 만약 여러분이 각 나라의 국기에 관심이 많다면, 프랑스와 러시아 국기를 헷갈리는 사람을 보면 정말 신경 쓰일 거예요. 사람들은 그런 여러분에게 왜 그런 걸로 난리냐고 말하겠지요. 여러분은 국기에 진짜 관심이 많아서 그런 거라고 대답할 테고요.

부모님이 이 세상에서 가장 관심을 기울이는 대상은 바로 여러분이에요. 아무리 잔소리 심한 부모님이라도 다른 사람이라면 어떤

행동을 하든 이토록 야단법석 떨지 않을 거예요. 부모님도 다른 사람들에게는 그러지 않아요. 친구 머리를 빗겨 주거나, 직장 동료에게 야채를 충분히 먹었냐고 묻는 일은 절대 없어요.

부모님이 여러분에게 잔소리 폭격을 하는 것은 '엄마 아빠는 널 사랑해.'라는 뜻이에요. 여기서 다음과 같은 큰 깨달음을 얻을 수 있겠네요.

**부모님이 잔소리하는 것은
우리를 사랑하기 때문이다.**

이런 깨달음은 부모님과 마찰이 생겼을 때 도움이 돼요. 물론 부모님이 잔소리하는 이유를 안다고 해서 무조건 부모님의 요구에 따라야 한다는 말도 아니고, 어떻게 하든 부모님의 잔소리를 멈출 수도 없어요. 하지만 이런 깨달음을 얻으면, 부모님의 잔소리 때문에 짜증 날 때 여러분의 생각을 바꿀 수 있어요. 부모님의 표현 방식이 다소 잘못되었을지는 몰라도 부모님은 여러분이 최선의 삶을 살도록 돕기 위해 애쓰고 있어요. 이걸 안다면 뾰족해졌던 마음이 조금은 누그러질 거예요.

이제 방향을 좀 바꿔서 생각해 볼게요. 잔소리를 들으면 짜증이 나는 건 어쩔 수 없는 사실이에요. 여기서 중요한 질문을 하나 던져 볼게요. 왜 그렇게 짜증이 날까요? 혹시 요즘에 특히 더 짜증이 나나요? 아마 여러분이 짜증 나는 건 부모님이 아직도 나를 어린아이로 여기고 있다는 느낌이 들어서일 거예요. 이제 내가 다 컸다는 걸 부모님이 인정하지 않아서 말이에요.

현실을 직시합시다. 성장한다는 건 멋진 일이에요. 나이가 드니 예전보다 많은 일을 할 수 있어서 신날 거예요. 축구를 더 잘 할 수 있고, 책도 더 잘 읽을 수 있어요. 친구들끼리 모여서 놀 수도 있고, 두발자전거도 탈 수 있어요. 열 살이 되었는데 여섯 살짜리처럼 굴면 바보 같아 보이겠죠.

부모님이 사사건건 잔소리하는 것은 여러분이 여섯 살밖에 안 되었다고 말하는 것처럼 느껴져요. 여러분 스스로 많은 일을 결정할 수 있다는 사실을 부모님이 모르고 있는 것 같나요? 부모님이 여러분을 뒷걸음질 치게 만드는 것 같나요? 조금 더 깊이 생각해 볼까요? 왜 그게 문제가 될까요? 짜증 날 만한 여러 가지 일 중에 왜 유독 부모님의 잔소리에 더 화가 날까요?

여러분이 달리기를 잘한다고 상상해 봅시다. 꽤 많은 경기에서 우승했고, 또래 친구들보다 엄청 빠르게 달린다는 사실을 자신도 잘 알아요. 그런데 어떤 사람이 "넌 달리기를 진짜 못하는구나."라고 말한다면, 여러분은 화가 날까요? 글쎄요, 신경도 쓰지 않을 거예요. 여러분은 자신이 달리기를 잘한다는 걸 확실하게 알고 있으니까요. 달리기를 못한다고 말한 사람이 틀린 거죠. 나를 잘 알지도 못하는 사람이 뭐라 말하든 여러분에게는 그다지 중요하지 않을 거예요. 여기서 새로운 깨달음을 얻을 수 있겠네요. 스스로 의심을 갖는 부분을 남이 알아채면 화가 나요. 하지만 자신에 대한 확신이 있다면, 다른 사람이 어떤 반응을 보이든 별로 신경 쓰이지 않아요.

여러분과 부모님의 경우로 돌아가 생각해 보면, 부모님이 잔소리를 못 하게 말릴 필요가 없다는 뜻이에요(좋은 소식이네요. 어차피 말리지 못할 테니까요). 여러분이 할 수 있는 일은 부모님이 잔소리를 퍼부을 때 머릿속에 떠오르는 생각이나 감정을 바꾸는 거예요. 더 구체적으로 말하자면, 이상하게 들리겠지만 다음과 같은 중요한 깨달음에 확신을 가져야 해요.

잔소리를 듣는다고 해서 내가 아이로 돌아가는 건 아니다.

자신에 대해 깊이 알수록 부모님의 잔소리가 덜 짜증 날 거예요. 작고 연약한 어린아이였던 여러분은 이제 꽤 성장했어요. 혼자 머리를 빗거나 옷을 입을 수 있고, 방을 깨끗이 정돈할 수도 있어요. 이 세상과 나에 대해 나만의 생각이 있다는 것도 잘 알아요. 물론 겉옷을 챙겨 입을 만큼 추운지 판단할 수도 있고요. 나 자신에 대해선 잔소리하는 부모님보다 내가 더 잘 알아요. 자신에 대해 확신이 있다면, 부모님이 무슨 생각을 하는지는 덜 중요해져요. 여전히 잔소리를 들으면 조금 짜증 나는 건 어쩔 수 없지만, 자신에 대한 확신으로 무장하면 성가신 마음이 점점 줄어들 거예요.

이런 깨달음은 여러분의 정신 건강에 도움이 돼요. 자신을 정확히 알수록 다른 사람의 까다롭고 잘못된 의견은 덜 중요해져요. 또 누군가 나를 오해하고 있더라도 신경이 덜 쓰일 거예요. 다른 사람의 마음을 바꾸는 것은 자신의 마음에 공을 들이는 것보다 더 어려워요. 자신이 어떤 사람인지 확신하는 것에 집중해 보세요. 자신에 대한 확신은 자동차 앞 유리처럼 흘러내리는 비에 젖지 않게 우리를 막아 줄 거예요.

마음의 평화를 얻는 데는 두 가지 방법이 있어요. 나에 대해 그 누구도 거짓을 말하지 못하도록 단단히 단속하는 것, 또는 마음속 깊이 나 자신에 대한 확신을 갖도록 노력하는 것. 두 번째 방법이 더 쉬워 보이지 않나요? 물론 더 현명한 방법이기도 해요!

아이참, 창피하게

다른 사람들, 특히 학교 친구들이 여러분의 부모님을 보고 이상하다고 생각할까 봐 걱정한 적은 없나요? 엄마의 헤어스타일이 촌스럽거나, 아빠가 이상한 옷을 입고 학교 정문 앞에서 기다리고 있을까 봐, 또는 엄청 심하게 사투리를 써서요. 오랫동안 전혀 신경 쓰지 않던 문제였지만, 지금은 남들이 부모님을 어떻게 생각할지 신경 쓰여요. 친구들이 몰래 우리 부모님을 욕하거나 나까지 이상하다고 말할까 봐 걱정되지요. 낡아 빠진 고물 차를 운전하거나 벽에 못질하며 신경질 부리는 어른이 바로 우리 부모님이니까요. 만약 누군가가 우리 부모님에 대해 나쁜 말 하는 것을 듣는다면(그런데 그 말이 사실이라면), 얼굴이 빨개지고 창피하다는 생각이 들 거예요. 울고 싶어질 수도 있어요.

어린아이들은 부모님을 절대 창피해하지 않아요. 어린아이들의 뇌는 아직 충분히 발달하지 않아서 다른 사람들이 어떻게 생각할지 상상하지 못하거든요. 어린아이들은 어떻게 하면 블록을 높이 쌓을지, 머리에 국수 다발을 얹으면 어떨지, 곰 인형의 귀를 뜯으면 어떨지 등등 자기만의 세상에 마음을 쏟고 있어요. 내 친구가 우리

부모님을 어떻게 생각할지 신경 쓰이기 시작했다면, 여러분의 마음이 꽤 복잡해졌다는 신호예요. 이 신호는 보통 두 가지를 의미해요. 여러분에게 새로운 힘이 생겼다는 것, 그리고 불행한 기분을 느낄 가능성이 생겼다는 것.

여러분이 부모님을 창피해하는 데는 엄청난 이유가 있어요. 바로 다른 사람보다 부모님에 대해 아는 게 훨씬 많기 때문이에요. 여러분은 부모님이 화를 내거나 당황하는 모습을 본 적 있을 거예요. 이

부모님이 평범한 사람이면 좋겠어.

른 아침 머리가 엉망으로 부스스해진 채 돌아다니거나, 별일도 아닌데 투덜거리거나, 텔레비전을 보면서 나쁜 말을 내뱉거나, 샤워하면서 크게 노래하는 모습을 봤을 거예요. 그런데 가족 외에는 이렇게까지 타인을 가까이 겪어 본 적이 없지요.

다른 아이들도 비슷한 상황일 거예요. 다들 자기 부모님의 이상한 모습을 알고 있지요. 다들 우리 부모님은 창피하고, 친구네 부모님은 평범하거나 더 좋다고 생각할 거예요.

부모님이 평범한 사람이면 좋겠어.

뉴스나 드라마에는 평범하게 사는 사람들이 나오는 것 같지만, 진짜 평범한 것은 나오지 않아요. 다들 이상한 생각은 하나도 안 하고, 별난 부모님은 아무도 없고, 때때로 네 살짜리 아이처럼 보살핌 받고 싶은 마음은 절대 없는 척하며 돌아다니지요. 진짜 현실은 이상하고, 어색하고, 외롭고, 초조하고, 어리광 부리고 싶기 마련인데도요.

평범한 사람은 아무도 없다.

그렇다고 모든 사람이 괴짜라는 뜻은 아니에요. 그냥 실제 삶이 생각보다 훨씬 더 이상할 수 있다는 말이에요. 그래도 괜찮아요. 어떤 집안이든 조금씩 특이한 면이 있어요. 어떤 부모님이든 독특한 습관이 있고요. 어느 예능 프로그램처럼 사람들의 집에 카메라를 설치해 관찰한다면 깜짝 놀랄 만한 일들이 툭툭 튀어나올 거예요. 하지만 그것도 사람이란 어떤 존재인지 보여 주는 극히 작은 일부분일 뿐이에요.

만약 다른 사람이 여러분에게 창피를 주려고 한다면, 상상력을 발휘해 보세요. 다른 사람들이 말하지 않아도 그들이 진짜 어떤 삶을 사는지 상상할 수 있어요. 강인한 사람처럼 보여도, 그들이 불안해하는 모습을 상상할 수 있어요. 자신만만해 보이는 사람이 있다면 큰 실수를 하거나, 문틈에 손가락이 낀 상황을 상상해 보세요.

여러분이 무서워하는 사람이 있다면, 그 사람이 화장실에서 볼일을 보다가 휴지가 없다는 사실을 뒤늦게 알아차린 상황을 상상해 봐요. 또는 그 사람이 아무도 안 볼 때 코딱지를 파는 상상을 해 보세요. 다음에 누군가가 여러분의 가족은 이상하다는 식으로 말하면, 그 사람의 가족이 우스꽝스럽게 보일 만한 상황을 상상해 보세요. 마음이 조금 더 편안해질 거예요.

왜 내 말을 듣지 않지?

부모님은 여러분을 몹시 사랑해요. 그렇다고 해서 여러분의 말에 늘 귀 기울인다는 뜻은 아니에요. 그게 특별히 부모님만의 문제는 아니에요. 사실 남의 말을 경청하는 사람은 그렇게 많지 않거든요.

사람은 누구나 타인이 자신의 얘기에 귀 기울여 주기를 바라요. 자신이 느끼는 모든 감정에 일일이 맞장구쳐 주기를 바라는 게 아니라, 적어도 잘 들어주기를 바라는 거예요. 부모님이 여러분의 말을 건성으로 듣는 경우는 다음과 같아요.

좀 슬퍼요.

말도 안 되는 소리 좀 하지 마. 휴가 와서는 슬프다니.

진짜 걱정돼요.

아이고, 걱정될 게 뭐 있니.

다시는 학교에 가기 싫어요.

서둘러! 8시 전에는 집에서 출발해야지.

부모님이 자녀의 말에 항상 귀 기울이는 완벽한 세상에서는 어떤 대화가 펼쳐질까요?

좀 슬퍼요.

슬퍼할 만한 상황은 아닌데,
왜 슬플까? 바닷가에 왔는데 말이야.

진짜 걱정돼요.

왜 걱정하는지 알겠다.
여기 바람이 엄청 세구나.

다시는 학교에 가기 싫어요.

아침 내내 수학 공부를 해야 하니
끔찍한가 보구나. 특히 주말에 그렇게
재밌게 놀고 난 뒤니까.

부모님은 왜 항상 우리 말을 제대로 듣지 않을까요? 다시 상상력을 발휘해 볼까요? 한 가지 떠오르는 대답은 부모님이 나쁜 사람이라는 거예요.

그런데 정말 부모님이 나쁜 사람이라고 생각하나요? 진짜 나쁜

부모님도 몇 명 있을 수 있지만, 좀 더 그럴듯한 설명이 있어요. 부모님도 겁이 나고 걱정 많은 사람이라는 거예요.

상대방이 마음에 안 들 때마다 속으로 이런 질문을 던져 보세요. 이 사람은 사실 겁이 나고 무서운 건 아닐까? 무엇을 두려워하고 걱정하는 걸까? 이 점을 염두에 둔다면, 여러분의 삶에 변화가 생길 거예요.

그렇다면 부모님은 무엇을 두려워하느라 여러분의 말과 감정에 귀 기울이지 않는 걸까요? 다음과 같이 생각해 볼 수 있어요. 부모님은 자식이 고통스러워하는 건 상상도 하기 싫어해요. 그래서 여러분이 슬프다는 둥, 학교에 가기 싫다는 둥 하는 부정적인 말에는 귀를 닫는 거예요.

또 부모님은 여러분의 미래 때문에 걱정이 많아서(사실 걱정하지 않아도 되는데, 책임감을 느껴서 그래요), 여러분의 미래가 어려워질 수도 있다는 정보에는 귀를 닫는 경향이 있어요. 여러분이 버릇없는 아이가 될까 봐, 또는 백수가 될까 봐 너무 걱정하는 바람에 부모님은 여러분이 친구가 싫다거나 숙제하기 싫다고 말하는 것을 듣기 힘들어해요. 여러분에게 관심이 없어서가 아니라 어떻게 해야 할지 몰라서 그런 거예요.

그런데 부모님이 잊고 있는 게 있어요. 아이들의 힘든 감정은 누가 한 번 제대로 들어주기만 하면 훨씬 나아진다는 점이에요. 여러분이 왜 그렇게 선생님을 싫어하는지 부모님이 귀 기울여 들어준다면, 학교에서 건방지게 굴고 싶은 마음이 누그러질 거예요. 여러분이 할머니 댁에 가기 싫다고 실컷 찡얼거릴 수 있다면, 다음부터는 할머니 댁에 가는 게 마냥 싫지는 않을지도 몰라요. 감정은 터놓고 공개하는 순간 약해지거든요. 사람은 아무도 자신에게 귀를 기울여 주지 않는다고 느껴질 때 투덜거려요. 여러분이 바라는 건 부모님이 그저 "와, 그렇구나. 더 말해 줄래?" 하고 물어봐 주는 것인데 말이에요.

 마음속 컴퓨터를 켠 뒤 '미래의 내 아이에게 절대 하지 말아야 할 일' 폴더를 만들고, 머릿속에 떠오르는 생각들을 저장해 보세요. 목록은 금세 길어질 거예요. 그리고 훗날 부모가 되면 오늘 만든 목록을 떠올려 보세요. 폴더를 열고 거기 담긴 내용을 살펴보세요. 어떤 내용은 여전히 합리적이고, 여러분이 부모님보다 더 잘하고 있다는 사실에 짜릿한 기분을 느낄 거예요. 물론 자신이 부모로서 만족스럽게 느껴지지 않을 수도 있지만, 그럴 때 여러분의 부모님을 떠올려 보면 웃을 수 있을 거예요. 어느 쪽이든 여러분이 이기는 게임이에요.

 귀 기울여 듣지 않는 태도에도 좋은 점이 있어요. 바로 그런 태도는 고치기 쉽다는 거예요. 마치 여러분이 녹음기나 거울이 된 것처럼 상대방의 기분을 그대로 보여 주기만 하면 돼요. 누군가가 "정말 속상해."라고 말하면, 화제를 바꾸거나 "에이, 뭐가 속상해?"라고 말하기보다는 "저런, 무슨 일인데?"라고 말해 보세요. 또 누군가가 "진짜 화가 나."라고 말하면, "화를 내 봤자 안 좋아."라고 말하기보다 "분한 일이 있는 것처럼 보이는데 나한테 말해 줄래?"라고 해 보세요.

 아, 모든 사람이 내 말에 귀를 기울일 필요는 없어요. 그저 몇 사람만 내게 귀 기울여 줘도 끔찍한 감정을 견딜 수 있어요. 여러분도 상대방의 말에 귀 기울여 주는 다정한 사람으로 성장할 수 있도록 노력해 봐요.

우리 부모님은 위선자야!

위선자는 상대방한테 하지 말라고 한 일을 정작 본인은 뒤에서 하는 사람이에요. 그런데 어른들은 꽤 자주 위선자처럼 보여요. 여러분한테 핸드폰을 그렇게 자주 보지 말라고 하면서, 본인들은 수없이 확인해요! 아이들에겐 초콜릿을 많이 먹지 말라고 해 놓고, 찬장 뒤쪽에 숨겨 둔 건 뭔가요. 어른에게 예의 바르게 굴라고 말하지만, 정작 자기들은 다른 사람한테 나쁜 말을 해요. 부모님이 여러분에게 하는 말과 부모님이 하는 행동 사이에는 차이가 있어요.

왜 부모님은 자신들이 정한 규칙대로 살지 않을까요? 왜 부모님은 여러분에게 하지 말라는 걸 할까요? 이상하게 들리겠지만, 여기에는 꽤 그럴듯한 이유가 있어요. 부모님은 자신들이 하는 행동을 좋아하지 않을 때가 많아요. 부모님은 자신들이 초콜릿을 그렇게 많이 먹고 몇 시간씩 텔레비전을 보는 게 마음에 걸릴 거예요. 하지만 멈추는 방법을 몰라서 여러분은 하지 않기를 바라는 거예요. 여러분에게 거짓말을 하는 것도 아니고, 상처를 주려는 것도 아니에요. 그저 다음과 같은 이유 때문이에요.

**부모님은 자녀가 자신보다
더 나은 삶을 살기를 바란다.**

이상하게 들릴 거예요. 우리는 부모님이 인생의 모든 것을 결정하고 책임진다고 생각하지요. 부모님은 원하는 대로 행동할 수 있잖아요. 하지만 점점 나이가 들어가면서 여러분도 이상한 점을 알아차리기 시작할 거예요. 어른들은 우리가 생각하는 것만큼 자기 자신과 삶을 그다지 잘 관리하지 못해요. 잘못도 많이 저지르지요. 부모님도 나이답지 않게 철없이 굴 때가 많아요. 마흔다섯 살이나 돼서는 피곤할 때면 아홉 살짜리처럼 행동하지요. 이런 일은 어느 어른이나 마찬가지예요! 그렇지만 부모님은 자신들이 한 실수를 자식들은 저지르지 않기를 바라지요.

여러분이 숙제하기 싫어하는 상황이라고 상상해 볼까요? 여러분은 숙제하는 걸 최대한 미루고 싶어 해요. 숙제를 금방 해치우고 싶지만 몸이 따라 주지 않아서 몸부림치고 있어요. 이제 먼 미래를 떠올리며 여러분이 부모가 되었다고 상상해 봅시다. 여러분은 자녀가 숙제하게 만들려고 애쓰고 있어요. 그런데 아이들이 여러분에게 이렇게 말하는 거예요.

"엄마 아빠는 위선자야! 엄마 아빠도 어렸을 때 숙제하기 싫어했다고 말해 놓고!"

어떤가요? 억울하지 않나요? 여러분은 그저 아이가 잘되길 바라는 마음일 거예요. 여러분이 어린 시절 그랬듯이 아이가 숙제 때문에 괴로워하길 바라지 않았을 뿐이라고요.

많은 부모님이 자식은 자신보다 훨씬 더 나은 사람이 되기를 바라요. 과자를 너무 많이 먹는 부모님은 여러분이 간식으로 사과를 먹기 바라지요. 좀 게으른 부모님이라면 여러분이 에너지를 뿜어내는 사람이 되기를 바라고요. 텔레비전에 푹 빠져서 쓸데없이 시간을 낭비하는 걸 후회하는 부모님은 여러분이 더 건강한 취미 생활을 즐기기 바랄 거예요. 그러니 부모님을 위선자라고 부르는 건 좀 억울한 말이에요. 부모님은 자신의 나쁜 습관이나 버릇을 후회하면서, 여러분은 좀 더 나은 사람이 되길 바라는, 깊은 사랑과 희망을 품고 있는 사람들이에요.

왜 또 싸우는 거야?

엄마와 아빠는 서로를 선택했어요. 각각 다른 사람을 선택할 기회도 있었지만, 그러지 않았지요. 그러니 부모님이 영원히 행복할 거라고 생각하나요? 그런데 가만히 보면 부모님은 자주 투덜거리며 싸워요. 별로 중요하지도 않은 문제들을 가지고 말이에요.

부모님은 커튼을 제대로 치지 않거나 토마토가 냉장고의 엉뚱한 자리에 들어가 있다고 심술을 부려요. 여행 짐을 제대로 쌌는지, 공항에 가려면 몇 시에 출발해야 하는지 같은 문제로 말싸움을 하고요. 뉴스를 보면서도 싸우지요. 이웃집에 놀러 갈지, 헤어드라이어를 새로 살지, 집이 깔끔한지 아닌지를 두고 말다툼할 때도 있어요. 부모님은 정말 별별 이유로 싸움을 벌여요. 매번 목소리를 높여 싸우지는 않더라도, 부모님이 지금 화가 나 있다거나 기분이 안 좋다는 건 여러분도 느낄 수 있죠.

부모님은 왜 싸울까요? 사람들은 각자 머릿속에 그려 놓은 살고 싶은 방식이 있는데 현실은 그에 따라가지 못할 때 화를 내요. 그리고 상대방을 걱정하거나 자신이 신경 쓰는 것에 상대방이 관심 가져 주기를 바랄 때도 화를 내지요. 피곤해서 싸우는 경우도 많아요.

하지만 부모님이 싸우는 이유 중에는 너무 바보 같아 보이는 것도 있어요! 여러분은 별로 신경 쓰이지도 않는 일에 부모님은 왜 그렇게 열을 올릴까요?

도대체 왜 그러는 건지 다음과 같은 현명한 방법으로 이해해 봅시다. 여러분의 삶에서 현재 중요한 것과 예전에 중요했던 것을 비교해 보세요. 너무 옛날 일은 기억나지 않을 수도 있으니, 아래처럼 예를 들어 볼게요.

두 살이었을 때
늘 부모님 곁에 있기,
욕조에서 물장구치기,
토끼 인형, 스스로 옷 입기.

세 살이었을 때
기차, 깃발, 풍차 그리기,
그림책, 강아지인 척하기,
새로 산 파란색 반바지.

현재
친구들의 뒷담화,
긴 나눗셈 문제, 유튜브,
신발, 게임, 내 코 모양.

감이 좀 오나요? 여러분이 관심 가졌던 것들이 어떻게 변했는지 눈치챘나요?

여러분이 중요하게 생각하는 문제를 오랫동안 함께 산 사람이 대수롭지 않게 여긴다면 얼마나 화가 날까요. 두 살짜리 아이는 부모님이 자신의 개구리 장난감이나 토끼 인형을 하찮게 여긴다면 엄청난 충격에 빠질 거예요. 여러분이 어떤 유튜브 채널을 좋아하는데, 친구가 그 채널이 바보 같다고 말하면 화가 날지도 몰라요. 두 살짜리 어린아이한테는 그런 채널에 열을 올리는 게 바보 같아 보일 수도 있지요. 하지만 여러분에게는 그 유튜브 채널을 좋아할 만한 합당한 이유가 있고, 두 살짜리 아이도 때가 되면 인형보다는 유튜브 채널을 좋아하게 될 거예요.

어른이 된다는 것은 참 신기한 일이에요. 우리는 크면 클수록 더 많은 것에 신경 쓰게 돼요. '내가 신경 쓰는 것'을 지도에 색칠해서 나타낼 수 있다면, 시간이 지날수록 색칠한 부분이 점점 더 넓어질 거예요. 여러분이 어른이 되었을 무렵에는 거실에 있는 스위치 모양이나, 책을 가로로 꽂을지 세로로 꽂을지 하는 문제가 엄청나게 중요해질지도 몰라요.

몇 년 더 지나서, 또는 부모님 나이가 되었을 무렵에 여러분은 무엇에 신경을 쏟고 있을까요? 좀 어려운 질문이지요. 여러분의 생각을 종이에 적고, 2075년이 되면 지금 쓴 걸 다시 보면서 여러분 생각이 맞았는지 확인해 보세요.

여기서 핵심은 여러분이 나이 들어서 관심을 쏟을 많은 것들이

열일곱 살일 때

예시

어느 대학에 가지? 뭘 전공하지?
직업은 어떻게 얻지?
친구들은 오늘 뭐 할까?

내 생각

스물여섯 살일 때

예시

왜 친구는 나보다 돈을 더 많이 벌까? 집은 어떻게 사지? 누구랑 결혼할까?
독립해야 할까?

내 생각

마흔 살일 때

예시

사업을 시작할까? 누굴 대통령으로 뽑지? 주말 저녁 파티에 쓸 냅킨은
어디서 사지?

내 생각

예순다섯 살일 때

예시

돈을 어디에 투자할까? 사위한테 명절
선물로 뭘 줄까? 화장실 타일을
청록색으로 바꿔 볼까?

내 생각

지금 당장은 이상하고 우스워 보일 수도 있다는 점이에요. 하지만 이상하고 우스운 것은 없어요. 우리가 관심을 두는 것의 종류와 범위가 점점 더 넓어지는 것뿐이에요. 그리고 친구들이, 또는 남편이나 부인이 우리의 취향에 가능한 한 많이 공감하고 이해해 주기를 바라는 것뿐이에요.

부모님이 헤어진다면

많은 부모님이 옥신각신 다투기도 하고 서로에게 화내기도 해요. 훨씬 심각한 경우도 있어요. 엄마와 아빠가 더 이상 함께 살고 싶어 하지 않을 수도 있지요. 이미 부모님이 헤어진 경우도 있을 거예요.

부모님이 헤어진다면 정말 슬플 거예요. 그런데 부모님이 헤어졌다는 사실보다 우리를 훨씬 더 슬프게 만드는 것이 있어요. 부모님의 이별에 자신이 어느 정도 책임이 있다고 의심하는 것이지요. 자신이 이런저런 잘못을 해서 부모님이 행복하지 않았거나 헤어졌다고 생각하며 자기 탓을 하는 거죠. 그건 너무 끔찍한 생각이에요.

파푸아뉴기니에는 '훌리'라는 부족이 있어요. 20세기 중반, 몇몇 호주 교수들이 훌리 부족을 연구하면서 그들의 언어를 기록하고 요리와 사냥 방법을 꼼꼼히 살폈어요. 그런데 교수들이 깜짝 놀란 사실이 하나 있었어요. 훌리 부족민들은 천둥 번개가 치고 비가 쏟아질 때마다 정령이 화가 나서 그런 거라고 믿었어요. 부족민이 나쁜 짓을 저질렀기 때문에 정령이 혹독한 날씨로 벌을 주는 거라고요. 반면, 호주 교수들은 따뜻한 공기와 찬 공기가 충돌하면 천둥을 동반한 폭우가 내린다고 배우며 자랐지요(여러분도 과학 시간에 배웠을 거예요).

우리는 훌리 부족의 생각이 틀렸다는 걸 알아요. 그런데 흥미롭게도 이들이 생각하는 방식은 우리 마음이 움직이는 방식을 보여 줘요. 주변에 심각하고 무서운 일이 생기면 우리는 은연중에 나 때문에 그런 일이 벌어졌다고 생각하곤 해요. '내가 뭔가 잘못했나

봐.' 또는 '그래서 내가 아픈 거야.' '나 때문에 엄마랑 아빠가 소리 지르며 싸우나 봐.'라고요. 하지만 이런 생각은 아무 도움도 안 돼요. 큰 종이든 티셔츠든 눈에 잘 띄는 곳이면 어디든 '두려움은 사실이 아니다!'라고 크게 적어 놓으세요.

부모님은 여러분 때문에 싸우거나 헤어지는 게 아니에요. 두 분이 헤어지면 여러분에게 영향을 주겠지만, 여러분에게 영향을 받아서 두 분이 헤어지는 건 아니에요.

함께 산다는 건 꽤 복잡한 일이에요. 여러분도 형제자매와 티격태격한 적이 있을 거예요. 적어도 그렇게 다투며 사는 사람들을 한 명쯤은 알 거예요. 형제자매와는 이혼할 수 없지만, 만약 그럴 수 있다면 이혼한 형제자매가 세상에 엄청나게 많을 거예요.

어른들도 똑같아요. 굉장히 좋은 친구라도 그 친구와는 가끔 보고 지낸다는 걸 기억하세요. 친구들과 함께 휴가를 가는데, 휴가가 단지 일주일이 아니라 2주일, 2년, 또는 10년 동안 계속된다고 상상해 보세요. 조금만 지나면 친구의 사소한 점들이 눈에 거슬리기 시작할 거예요. 같이 놀 때 누가 무슨 역할을 맡을지 의견이 엇갈릴지도 몰라요. 한 달만 지나면 완전히 질려 버릴 수도 있어요. 1년 뒤에는 될 대로 되라는 심정이 될지도 모르고요.

나서기 좋아하는 친구가 있다고 생각해 봐요. 그래도 여러 면에서 여러분과 잘 맞고 주로 오후에만 잠깐 만나 놀기 때문에 그런 특징이 큰 문제가 되지 않아요. 하지만 이런 친구와 10년을 함께 산다면, 여러분은 지금쯤 꽤 불행해졌을지도 몰라요.

어른들에게도 종종 이런 일이 일어나요. 여러분의 부모님은 서로 진심으로 사랑해서 결혼하셨을 거예요. 하지만 쭉 함께 살다 보니 문제가 불거지기 시작한 거죠. 부모님은 좋아하는 게 서로 다르고, 휴가도 다른 곳으로 가고 싶어 하고, 취미도 다르고, 저녁 시간을 즐겁게 보내고 싶은 방식도 다르고, 심지어 여러분을 어떻게 키울지에 관한 생각도 달라요.

하지만 부모님은 10년이 넘는 오랜 시간 동안 꽤 잘해 왔어요. 하지만 앞으로 10년을 잘 지내리라고는 장담할 수 없어요. 어른들이라고 해서 모든 일을 다 잘할 순 없어요. 여러분이 수학은 잘하지만 달리기를 못하거나, 반려동물은 잘 보살펴도 침대 정돈을 잘 못하는 것처럼요.

실제로 많은 어른이 '다른 사람과 함께 살기'라는 과목에 약해요. 그렇다고 그 어른이 나쁘다거나, 친절하지 않다거나, 똑똑하지 않다는 뜻은 아니에요. 자식을 돌보고 사랑하는 걸 못한다는 뜻도 아니고요.

함께 지낸다는 것과 아이를 돌보는 건 매우 다른 일이에요. 대부분의 부모님에게는 남편과 아내를 사랑하기보다 아이를 사랑하는 게 훨씬 더 자연스러운 일이에요. 이건 기대를 하느냐, 하지 않느냐와 관련 있어요. 부모님은 상대방에게 굉장히 많은 기대를 해요. 부모님은 상대방이 자신을 이해해 주기를, 격려해 주기를, 늘 친구가 되어 주기를, 자기편이 되어 주기를, 유머 감각이 있기를, 시간을 잘 지키고 요리를 잘하기를 원해요.

하지만 다행히도 자녀한테는 그런 기대를 거의 하지 않아요. 부모님은 가끔 여러분이 뽀뽀해 주면 고마워하고 저녁 먹으면서 대화를 나누고 싶어 할 뿐이에요. 부모님은 자신에게 필요한 모든 것을 얻어 내려고 여러분을 이 세상에 데려온 게 아니에요. 부모님은 아이들이 불안해하는 자신을 달랠 수 없고, 우울할 때 격려해 줄 수 없다는 걸 이해해요.

여기서 또 우리는 삶의 큰 깨달음 하나를 얻을 수 있어요.

상대방에게 많은 것을 기대할수록…   …상대방이 완벽하지 못할 때 더욱 화가 난다.

소중한 누군가에게 해 줄 수 있는 가장 멋진 일은 너무 많이 기대하지 않는 거예요. 누군가를 사랑할 때는 상대방이 이상적이지 않은 점도 가지고 있을 거라는 점을 받아들여야 해요. 누군가를 완벽한 사람으로 생각한다는 건 칭찬 같지만, 사실은 다양한 문제를 일으키는 지름길이에요. 웨딩플래너가 된다면, 다양한 가능성을 염두에 두고 결혼 생활에 뛰어들라고 조언하고 싶어요.

다시 한 번 말하지만, 부모님이 서로 잘 지내지 못한다고 해서 여러분에게 관심 없다는 뜻은 아니에요. 부모님은 서로에게 화낼 수도 있지만, 여러분이 태어난 순간부터 여러분을 쭉 사랑하고 있어요. 부모님도 그런 말씀을 이미 여러 번 해 줬을 거예요. 부모님을 믿으세요.

부모님을 이해해 보자

아주 어렸을 때는 부모님을 이해해 봐야겠다는 생각을 해 본 적 없을 거예요. 조금 자란 뒤에는 부모님이 나를 제대로 이해하지 않는다는 생각을 했을 수도 있어요. 그렇다면 지금은 이런 호기심을 가져보는 건 어떨까요? '우리 부모님은 진짜 어떤 사람일까?'

문제는 여러분이 지금까지 쭉 부모님과 살아서인지 부모님에 대해 다른 사람만큼 궁금하지 않다는 거예요. 부모님을 처음 만났다고 상상해 보세요. 어떤 게 궁금할까요?

부모님의 옛날 사진을 보는 것도 흥미로울 거예요. 바닷가에 있는 아홉 살쯤 된 엄마 사진을 봤다면, 그때 무슨 일이 있었을지 상상해 보세요. 바닷가에서 휴가를 보냈을까요? 엄마는 수영을 좋아했을까요? 아빠가 교복을 입고 있거나 체스를 두거나 새 자전거를 탄 사진을 봤다면? 그때 여러분이 옆에 있었다면, 아빠랑 친구가 되었을까요? 부모님도 자라면서 여러분이 겪은 일들과 비슷한 일을 많이 경험했을 거예요. 가족들이 모두 모여 편안한 시간을 보내고 있을 때 부모님께 한번 물어보세요.

사람들이 하는 질문에는 재미난 점이 있어요. 우리는 주로 어디에 있었는지, 무슨 일이 있었는지, 어떤 행동을 했는지처럼 사실을 물어봐요. 하지만 우리가 지금 알고 싶은 건 부모님은 '어떤 사람이었을까' 하는 거예요. 부모님은 어떻게 느꼈을까요? 행복했을까요, 슬펐을까요? 부모님은 자신감에 넘쳤을까요, 소심했을까요? 사람

들에게 말하지 않은 어떤 생각들이 머릿속에 있었을까요? 여러분이 부모님을 잘 이해한다면, 부모님이 여러분을 잘 이해하고 있다는 느낌을 받게 될 거예요.

부모님을 이해하기 위한 질문들

부모님이 일곱 살 때는 어땠나요?
열 살 때는? 열세 살 때는?

무엇을 재미있어 했나요?
무엇을 걱정했나요?
외로운 적이 있었나요?

하루를 어떻게 보냈나요?
좋아하는 음식은 뭐였나요?
텔레비전 보는 걸 좋아했나요?

집은 어땠나요?
방은 어떻게 생겼었나요?
학교가 끝나면 무엇을 했나요?

학교에는 어떻게 갔나요?
가장 좋아했던 선생님은?
점심시간에는 뭘 했나요?

부모님과 사이는 어땠나요?
부모님과 자주 싸웠나요?
부모님이 엄격하셨나요?
부모님이 창피했던 적이 있나요?

어떤 미래를 꿈꿨나요?

부모님 성적표

버스 운전이나 비행기 조종, 시력 교정 수술 등 미리 배우지 않으면 어떻게 해야 할지 알 수 없는 일들이 굉장히 많아요. 이런 일들을 오랫동안 배우고 훈련하지 않고 덜컥 시작해 버린다면 대참사가 일어날 거예요. 그렇기 때문에 세상은 이런 기술에 아직 익숙하지 않은 사람에게 친절히 가르쳐 주려고 하지, 모른다고 탓하지 않아요.

같은 맥락에서 생각해 보면, 부모의 역할을 잘하기 위해서도 많은 기술이 필요해요. 하지만 부모로 사는 법을 가르쳐 주는 사람은 아무도 없어요. 부모님이 부모의 역할을 잘하려고 애쓰는 것 중에는 다음과 같이 까다로운 것들이 있어요.

내가 생각하고 느끼는 것 알아채기

가끔 여러분은 속상하거나 신이 나지만, 정확히 무엇 때문에 괴롭고 뭐가 그렇게 좋은지 말로 표현하기 쉽지 않을 때가 있어요. 부모님은 여러분 마음속에 뭔가 자리 잡고 있다는 걸 알아채지만, 그게 뭔지 그냥 알아내지는 못해요. 여러분의 마음을 알아내기 위해 질문하고, 의견을 말하고, 꼼꼼히 단서를 찾고, 인내하고, 상상력을 발휘하는 것도 특별한 기술이에요.

내가 하는 일에 참견하지 않으면서 관심 갖기

이건 균형 잡기가 꽤 힘든 일이에요. 부모님이 "지금까지 뭐한 거니?" 하고 물으면 꼭 감시 받는 것 같은 기분이 들 수 있어요. 반대로 부모님이 아무것도 물어보지 않으면 나한테 신경 쓰지 않는 것 같아 서운해져요.

'인터뷰어'라는 직업을 들어본 적 있나요? 인터뷰어는 상대방이 말을 하도록 이끄는 데 소질이 있는 사람이에요. 우리는 대부분 그런 걸 잘 못하지요. 좋은 질문을 하고 잘 듣는 법을 배운 사람은 별로 없어요. 그저 다들 어련히 알고 있기를 바라지만, 이건 굉장히 어렵고 중요한 기술이에요.

내가 화났을 때 진정시키기

여러분이 화났을 때 걱정하지 않고 신경을 덜 쓰게 만드는 것도 부모님의 역할이에요. 그런데 이건 결코 쉬운 일이 아니에요. 잔뜩 화가 난 여러분을 진정시키는 데는 어떤 방법이 있을까요? 여러분이 맞닥뜨린 문제가 대수롭지 않은 것처럼 굴지 않고도 안심시키기 위해선 어떻게 해야 할까요? 여러분을 화나게 만든 일에 신경을 끄도록 하기 위해선 어떻게 해야 할까요?

억지로 시키지 않고 스스로 하게 만들기

하기 싫어도 날마다 해야 하는 일이 많아요. 부모님은 여러분이 학교에 지각하지 않고, 이를 꼼꼼히 닦고, 몸에 좋은 음식을 골고루 먹고, 너무 늦게 자지 않도록 해야 해요.

자녀가 하기 싫어하는 일을 억지로 시키지 않으면서 꼭 하게 만들기란 참 어려워요. 그렇다고 이거 해라 저거 해라, 막 시키면 아이들은 짜증을 내지요. 자녀가 반발하지 않게 설득하기란 정말 까다로운 일이에요. 이런 기술을 배울 수는 있겠지만, 제대로 가르침을 받은 사람은 거의 없어요.

이해하기 쉽게 설명하기

자신이 잘 아는 일이라도 다른 사람에게 설명하기란 쉽지 않아요. 여러분이 외국 사람에게 자신의 모국어를 가르쳐 줘야 한다고 상상해 보세요. 굉장히 어려울 거예요. 자전거 타는 방법이나 운동화 끈 묶는 법을 설명해야 한다면 어떨까요?

부모님은 설명하는 방법을 배운 적이 없다.

남에게 설명하는 것은 이렇게 어려운 일인데, 부모님은 학교 가는 게 왜 중요한지, 정치의 역할이 무엇인지, 주말에 집에 있고 싶어도 왜 할아버지 댁에 가야 하는지 등 수많은 것에 대해 늘 여러분에게 설명해야 해요. 그런데 여기 작은 문제가 있어요.

여러분은 학교에서 여러 과목을 어떻게 공부하고 있는지 성적표를 받을 거예요. 여러분의 실력이 얼마나 향상되었는지 기록한 보고서죠. 부모님도 실력을 향상시키려고 노력하니까 여러분이 부모님의 성적표를 만들 수도 있지 않을까요? 우리가 지금까지 다룬 주제에 점수를 매겨 볼까요?

A
뛰어남
부모님의 역할을
훌륭히 해내고 있음.

B
칭찬함
부모님이 늘 훌륭하진
않지만 상당히 좋음.

C
통과
부모님이 노력하는 게
보이나 결과는 좋지 않음.

D
노력이 필요함
좋지 않음.
개선할 방법은 무엇일까?

다음 페이지에 나온 다섯 가지 항목을 보고, 부모님께 각각 몇 점을 줄 수 있을지 생각해서 메달 모양 안에 A부터 D까지 점수를 적어 보세요.

우리는 보통 성적표를 학생에게 보내는 메시지라고 생각해요. 하지만 성적표는 선생님에게 보내는 메시지이기도 해요. 성적표를 보면서 아이들이 어떤 분야를 제대로 못 해냈다는 생각이 들면 선생님은 학생에게 어떤 도움을 줘야 할지, 어떻게 하면 학생의 실력이 향상될 수 있을지 고민하잖아요.

여러분이 부모님에게 성적표를 준다면, 여러분이 선생님의 입장이 되어야 해요. 어떻게 하면 부모님이 부모님 역할을 더 잘할 수 있도록 도울 수 있을까요? 여러분도 부모님의 실력이 향상되도록 도울 수 있을 거예요.

_____ 의 부모님 성적표

기술 1

내 기분이 어떤지 스스로 잘 모를 때도
내 감정을 파악하도록 도와준다.

기술 2

참견한다는 느낌을 주지 않으면서
내 고민이나 문제를 이야기하게 만든다.

기술 3

내가 당황하거나, 짜증 내거나, 화나거나,
괴로울 때 진정시켜 준다.

기술 4

억지로 시키지 않고도
내가 꼭 해야 할 일을 스스로 하게 한다.

기술 5

내가 이해할 수 있는 방식으로 충분히 설명해
자연스럽게 나를 설득한다.

제2장

스크린

스크린이 왜 그렇게 좋을까?

영상을 보거나 게임을 하다 보면 스크린만 쭉 보고 싶은 기분이 들 때가 있어요. 이보다 더 좋은 건 없는 것 같아요. 휴일에 경치 좋은 곳에 가거나 삼촌의 생일 파티에 갈 수도 있지만, 솔직히 그런 것들은 별로 중요한 일처럼 느껴지지 않아요. 여러분이 진짜 하고 싶은 건 계속 스크롤을 내리면서 SNS를 보거나, 게임을 하거나, 유튜브에서 재미난 영상을 보는 거예요.

부모님은 이런 문제로 몹시 화를 내요. 부모님도 스크린을 많이 보는 편인데도요. 이 문제만큼 어른과 아이 사이에 말다툼을 불러일으키는 주제도 드물어요. 아마 다들 한 번쯤 아빠가 여러분의 핸드폰이나 태블릿을 가져다가 큰 못을 박아 버릴 거라고 버럭 화낸 적이 있을 거예요.

그런데 스크린이 왜 그토록 강하게 우리의 관심을 끌어당기는지 생각해 본 적 있나요? 우리가 나쁜 사람이라거나 의지가 약해서가 아니에요. 사실 스크린이 사람들의 관심을 독차지하는 이유는 꽤 이상해요. 그건 뇌가 진화한 방식과 관련 있어요.

무슨 소리인지 설명하기 전에 다른 예를 들어 볼게요. 우리는 건강에 좋지 않은 음식이지만 케이크나 초콜릿, 과자, 아이스크림을 좋아해요.

인류가 지구상에 생존해 온 거의 모든 시간 동안, 단맛이 나는 음식이라고는 사과나 바나나, 또는 가끔 먹는 딸기처럼 과일밖에 없었어요. 아주 짧은 순간 맛볼 수 있는 단맛은 그게 뭐든지 기가 막히게 좋았지요. 우리 뇌는 어떤 단맛에든 흥분하도록 진화했어요. 단맛은 우리 식단에서 굉장히 중요했지요.

그러다 20세기 중반 무렵, 달콤한 음식의 가격이 싸지면서 문제가 시작되었어요. 우리 뇌는 더욱 달달한 음식을 원하고, 콜라와 망고 맛을 구별하지 못하게 되었어요. 뇌는 그대로인데 환경이 변하면서 어떤 맛은 우리에게 해로워졌어요. 이제는 부모님 같은 중년 어른들 중에 몸무게를 걱정하지 않는 사람이 드물 정도예요.

이와 비슷한 일이 시각적인 면에서도 일어났어요. 우리가 옛날 옛적 시절에 살고 있다고 상상해 봅시다. 텔레비전도 없고, 오락거리도 거의 없고, 컴퓨터 비슷한 것도 전혀 없어요. 그래서 뇌는 작고 빠른 움직임, 어딘가에서 온 새로운 소식, 뭔가 밝고 빛나는 것에 특히 관심을 갖도록 진화했어요. 이 모든 것은 한때 (더운 지방에

살았다면) 뱀이나 (여름이라면) 말벌이나 또는 다른 부족이 사는 마을에서 들려오는 중요한 소식 등 생존에 필요한 것을 알리는 신호였거든요. 우리 뇌는 사냥, 다채로운 움직임, 다른 사람에 관한 정보에 매우 관심을 가지도록 만들어졌어요. 1만 년 전에는 이런 뇌가 안성맞춤이었지요.

오늘날에도 뇌는 같은 방식으로 작동해요. 뇌에 깊이 박힌 습관은 쉽게 변하지 않아요. 하지만 우리가 스크린에서 보는 모든 내용은 진짜 위험이나 생존과는 아무런 상관이 없어요. 뇌가 흥분했던 원래 이유와는 아무런 관련도 없지요. 하지만 우리 뇌는 여전히 흥분을 느껴요. 스크린은 뇌가 '이건 진짜 중요한 거야.'라고 생각하도록 속여요. 최고급 초콜릿이 위가 '지금 꼭 먹어야 해.'라고 생각하도록 속이는 것처럼요. 여기서 우리는 다음과 같은 큰 깨달음을 얻을 수 있어요.

**인간의 뇌는 가끔
나쁜 것을 좋은 것이라고 속인다.**

뇌가 이런 속임수를 쓰는 게 우리 잘못은 아니지만, 우리가 호기심을 가져야 할 문제들을 일으켜요. 부모님에게 "넌 전자기기에 중독됐어."라는 말을 한 번쯤 들어봤을 거예요. 여러분은 부모님에게 말도 안 된다고 답하거나, 웃어넘기는 반응을 보였겠죠. 그런데 '중독됐다.'라는 비난은 어떤 뜻일까요?

나는 정말 중독되었을까?

중독이라는 말은 좀 이상해요. 길을 가다가 노숙자가 술병을 안고 있는 모습을 보고 부모님이 "저 사람은 중독자야."라고 말하는 것을 들은 적 있을 거예요. 알코올중독자는 술이 너무 좋아서 편안한 집이나 신발은 못 살지언정 술에 돈을 쓰지 않고는 못 배기는 사람이에요. 여러분은 잘 이해되지 않을 거예요. 특히 와인이나 맥주 맛이 이상하게 느껴지는 나이에는요(혹시 콜라 중독을 상상할지 모르겠지만…… 그건 아니에요!).

중독이 무슨 뜻인지 생각을 넓혀 봅시다. 중독은 뭔가 (가치 있는 일이라도) 어렵다고 느껴지는 기분을 피하려고 어떤 흥미로운 것에 깊이 빠져드는 행동 양식을 말해요. 다시 말해, 중독자는 살면서 불안하거나 두려운 무언가를 피하려고 다른 것을 이용하는 사람이에요. 무엇에 중독되었느냐는 그렇게 중요하지 않아요. 우리는 무엇에든 중독될 수 있거든요. 무엇이 아니라 왜 중독되었는지를 따져야 해요.

우리는 할머니에게 전화해서 고관절 수술이 어떠하더라는 슬픈 이야기를 듣고 싶지 않아서 뉴스에 중독될 수 있어요. 또는 일이 잘 안 풀려서 걱정스러운 마음을 떨치려고 운동에 중독될 수도 있어요. 아니면 외로운 느낌이 싫거나, 나한테 못되게 구는 친구 때문에 심란한 마음이 드는 게 싫어서 외출에 중독되기도 해요.

엄마는 오빠 때문에 슬픈 감정을 피하려고 텔레비전 드라마에 중독된 것인지도 몰라요. 아빠는 끝내야 하는 회사 프로젝트가 있는데 시작할 엄두가 나지 않아서 핸드폰 게임에 중독되었을 수도 있고요. 온종일 술을 마시지 않는다고 해서 자신을 중독자가 아니라고 생각하면 안 돼요. 누구나 중독자가 될 수 있어요.

오늘날 가장 흔한 중독은 스크린 중독이에요. 여러분이 늘 스크린 앞에 있어서 중독자가 되는 게 아니라, 다른 일에서 도망치느라 스크린 앞으로 달려가서 중독자가 되는 거예요. 여러분도 스크린 앞에서 보내는 시간을 줄이고 싶을 거예요. 그렇다고 자신에게 화내는 건 올바른 방법이 아니에요. 스크린 앞에 있고 싶은 강한 충동을 느낀다고 해서 부끄러워할 필요는 없어요.

자신이 무엇을 두려워하는지, 무엇을 걱정하는지, 무엇을 피하고 싶은지 자신에게 물어보면 돼요. 여러분이 꼭 마주해야 할 어떤 일이 있을 거예요. 숙제를 시작해야 된다든지, 친구와 좀 곤란한 대화를 나눠야 한다든지, 사랑하는 할아버지가 너무 나이 드셔서 이 세상을 떠나실까 봐 겁난다는 사실을 인정하는 것처럼 말이에요. 좀 어려운 일이지만 스크린에 빠져 있는 것보다 훨씬 더 가치 있는 일을 차분히 마주할 필요가 있어요.

다음에 누군가가 자신을 '스크린 중독자'라고 말한다면 진짜 걱정이 많은 사람, 어떤 일을 굉장히 불편해하는 사람이라고 생각하세요. 게을러서가 아니라 진짜 힘들어서 그러는 거라고요. 여러분이 사랑하는 사람에게 자신이 느끼는 두려움, 걱정, 꺼려지는 것에 대해 털어놓아 보세요. 남들이 여러분에게 엉뚱한 꼬리표를 달게 놔두지 말고 여러분의 마음속에 무엇이 있는지, 무엇을 걱정하는지, 무엇을 두려워하는지 당당하게 드러내 보세요. 스크린을 쳐다보는 것보다 훨씬 더 어려운 일을 해낼 수 있도록 사람들에게 도움을 요청하세요.

이렇게 말하면 더 멋지고 효과적일 거예요. "그래요. 제가 스크린 중독자인지도 모르죠! 그러니까 이제 저 좀 도와주세요." 다음에 스크린 중독 문제로 입씨름할 일이 생기면, 한번 이대로 말해 보세요.

글 쓴 사람이 안 보이는 글

기술이 발달하면서 이상하게 느껴지는 것 중 하나가 글을 쓴 사람이 보이지 않는데도 글을 볼 수 있다는 점이에요. 이 책을 생각해 보세요. 글을 볼 수 있지만 이 글을 쓴 사람은 볼 수 없잖아요. 스크린에서는 더욱 그렇지요. 우리는 블로그나 소셜 미디어에 누군가가 올린 글을 보지만 그 사람은 보지 못해요. 이것은 문제가 될 수 있어요. 누가 말했는지도 모르는 말에 무서워하거나 겁먹을 수도 있으니까요.

우리 뇌는 사람과 사람이 하는 말을 한꺼번에 보고 들으며 판단하도록 발달했어요. 표정에서 정보를 얻고, 상대방이 무슨 말을 하는지 이해하려고 행동과 태도를 함께 살피지요. 우리가 선사 시대에 살고 있다고 상상해 봐요. 어떤 사람이 여러분의 행동이 잘못됐다고 말하면 어떻게 반응할 건가요? 누가 그런 말을 했느냐에 따라 달라지겠지요. 부족장이 말했다면, 진지하게 받아들여야 할 거예요. 부족장은 마을의 모든 사람이 따르는 사람이니까요. 하지만 바로 옆 움막에 사는 꼬마가 말했다면요? 게다가 이 꼬마는 좀 바보 같은 구석이 있고, 오늘 아침에도 말썽을 피워서 혼났다는 걸 여러분은 알고 있어요. 여러분은 이런 아이가 한 말에는 별로 신경 쓰지 않을 거예요. 오히려 꼬마를 안쓰럽게 생각할지도 모르지요. 수천 년 동안 우리는 어떤 말을 한 사람이 누구인지 보고 그 사람의 말을 판단했어요.

하지만 오늘날에는 어떤 글이나 이미지를 볼 때, 누가 그것을 게시했는지 제대로 생각하지 않아요. 사실 조금만 주의 깊게 보면 허접한 글인데도 우리는 그 글을 남긴 사람이 똑똑하고 현명하고 행복하고 자신감 넘치는 사람이고, 그 글이 굉장한 지식과 통찰력에서 나온 게 틀림없다고 상상해요. 심지어 우리한테 세상에 존재할 가치가 없다고 말하는데도요(이런 말은 지구상에 사는 그 어떤 사람도 그 누구한테든 절대 해서는 안 되는 말이에요). 그래서 우리는 온라인에서 읽은 글 때문에 훨씬 기분이 안 좋아지고, SNS를 볼 때 불안해져요.

우리는 온라인상에 허접한 글을 남긴 사람에 대해 아는 게 별로 없다는 사실을 잊어서는 안 돼요. 실제로 그 사람을 만난다면 그가 참 우스운 사람이라고 생각할지도 몰라요. 될 대로 되라는 눈빛으로 아무 말이나 내뱉는 사람이라는 걸 알아채고, 그 사람이 하는 말을 무시해 버리게 될 수도 있어요.

우리는 온라인에 올라온 글을 누가 남겼는지 모두 알 순 없어요. 하지만 우리가 아는 게 있어요. 그들도 사람이라는 사실 말이에요. 신이 남긴 말씀이 아니라 사람이 남긴 말이에요. 여기서 또 하나 중요한 깨달음을 얻을 수 있어요.

우리가 존중해야 하는 사람은
친절한 사람뿐이다.

남을 괴롭히는 것은 어떤 경우에도 용납될 수 없어요. 그러니 온라인에서 뭔가 나쁜 말을 봤다면, 그냥 무시하세요. 어떤 이유에서든 온라인에서 나쁜 짓을 해서는 안 돼요. 나쁜 말을 보게 되면 그냥 무시해 버려요.

온라인에서 나쁜 짓을 하는 끔찍한 사람들에 대해서도 한번 생각해 볼까요? 온라인에서 나쁜 짓을 하는 사람들은 상처받고 외롭고 두려워서 그러는 거예요. 게다가 오랫동안 누군가 친절하게 대해 주거나 좋은 대우를 받아 본 적도 없을 거예요. 온라인에서 나쁜 글로 남을 못살게 구는 사람들을 보면, 그 뒷면에 늘 슬픈 사연이 있어요(대개는 우리가 알지 못하지만, 분명 있다고 말할 수 있어요). 그런 사연들 때문에 나쁜 글을 올리는 사람들은 자신이 분별 있거나 좋은 사람이 될 수 없다고 생각해요. 이런 사람들은 스크린 뒤에 숨어 세상과 단절되어 있어서 남을 모욕하면 상대방이 상처받을 수 있다는 사실을 전혀 생각하지 못하고 무례하게 굴기도 해요. 말에도 힘이 있다는 사실을 잊은 거예요.

온라인에서 잠시 시간을 보내다 보면, 인간이 괴물로 자라난 게 분명하다는 생각이 들기도 해요. 그나마 다행인 점이 있어요. 온라인 매체가 아무리 세상을 반영하더라도 이런 비주류의 관점은 극소수일 뿐이라는 점이에요. 목소리를 높이는 이런 사람들 뒤에는 침묵하면서 지켜보는 온건하고 합리적이고 친절하고 자기 의견만 고집하지 않는 수많은 개개인이 있어요.

세상은 보기보다 훨씬 더 살 만해요. 실제 세상의 사람들은 거의 모든 순간 친절하고 참을성이 있어요. 이런 세상을 온라인에서도 구축할 수 있다면 얼마나 좋을까요. 그때까지는 온라인에 올라오는 지저분한 내용들은 싹 무시해 버려요. 그런 글 뒤에 숨어 있는 사람을 억지로 실제 세상으로 끌어내 본다면 아마 여러분이 1초도 상대하지 않을 사람일 거예요. 그런 사람이 올린 내용에 신경 쓸 필요 없어요.

다른 사람의 완벽한 삶

온라인 세상에는 또 다른 문제가 있어요. 다른 사람이 올린 일상생활 사진을 너무 곧이곧대로 믿어서 자신을 보잘것없다고 느끼는

> 게인즈버러는 막 침대에서 일어난 사람들도 못생기고 부스스하게 그리지 않았어요.

경우예요. 이 문제를 다루기 전에 박물관에 가서 먼 옛날 사람들이 살던 시대의 사진을 살펴봐야겠어요.

영국 런던에 있는 내셔널갤러리에는 18세기 그림들이 걸려 있는 커다란 방이 있어요. 그중에는 토머스 게인즈버러

토머스 게인즈버러, 〈윌리엄 핼릿 부부(아침 산책)〉, 1785년.

가 그린 작품이 꽤 많아요. 게인즈버러는 영국 귀족들을 그린 그림으로 유명해진 화가예요. 윌리엄 핼릿 부부가 반려견과 산책하는 이런 그림들 말이에요.

게인즈버러는 비슷한 작품을 꽤 많이 그렸어요. 그림 속 인물들은 모두 아름답고 차분해 보여요. 날씨는 언제나 맑고, 나무에는 나뭇잎이 풍성하지요. 모든 사람이 풍족하고, 깨끗하고, 행복하고, 점잖아 보여요. 남자들은 스타킹을 신었고, 여자들은 아름답게 수놓인 드레스를 입었어요. 바지에 달걀 얼룩이 있거나, 이 사이에 음식 찌꺼기가 끼어 있는 경우는 없어요.

게인즈버러가 워낙 성공한 화가여서 18세기 영국의 모습이 그

가 그린 그림 같다고 생각할 수도 있어요. 게인즈버러는 가난하고 슬프고 뿌루퉁한 사람들은 그리지 않았어요. 게인즈버러가 그리지 않았다고 해서 18세기 영국에 가난하고 슬픈 사람들이 전혀 없었을 리 없지요. 당연히 그런 사람들이 있었을 테고, 상상보다 훨씬 더 나쁜 상황도 있었을 거예요. 당시에도 오늘날처럼 입씨름을 벌이고, 울화통 터지고, 눈물 흘리고, 소리치고, 절망하고, 분노하는 일이 있었을 거예요. 우리는 그중에서 신중하게 고른 아름다운 순간들만 그림으로 보고 있는 거예요.

여러분이 SNS에 들어가서 야자수 옆에서 활짝 웃고 있는 사람의 사진을 봤다면, 게인즈버러의 그림처럼 그 사진도 신중하게 선택된 순간이라는 사실을 기억하세요. 그 장면이 그 사진 주인의 삶 전체를 보여 주는 건 아니에요. 사진에서 완벽해 보이는 사람이라도 그가 카메라 밖에서도 좋은 사람인지, 친구들에게 얄밉게 구는 사람인지, 미래가 불확실한 사람인지 알 수 없어요. 카메라 밖, 야자수 바로 옆에는 허름한 호텔이나 만들다 만 고속도로가 있을지도 몰라요.

우리는 자신을 속속들이 잘 알아요. 자신의 좀 바보 같거나 우울한 면을 모조리 꿰뚫고 있지요. 하지만 다른 사람에 관해서라면 우리는 상대방이 말해 주는 것만 가지고 판단할 수밖에 없어요. 상대방이 말하는 내용은 진실과는 한참 동떨어지게 편집된 버전인데도요.

해결 방법은 이번에도 똑같아요. 우리가 모르는 정보를 상상으로 채워야 해요. 휴가 중에도 완벽해 보여야 하는 공주의 슬픔, 확신에 차 보이는 서퍼의 의심, 자신만만해 보이는 정치인의 불안, 흠잡을 데 없는 미인의 여드름을 상상해 보세요. 스크린 속 세상을 보고 있으면 유독 나만 슬프고 평범하다는 느낌이 들지도 모르지만, 누구나 가까이 들여다보면 다 평범해요. 평범해도 괜찮아요. 인간은 원래 다 그래요. 사람들이 편집한 이야기를 진짜라고 오해하지 않는 게 중요해요.

  삶은 누구에게나 어려워요. 이 사실을 잊지 않게 해 주는 작품이 (그리고 온라인 속 사진이) 가장 훌륭한 예술이에요. 만약 자신의 일상을 찍은 사진을 SNS에 올릴 생각이라면, 휴일에 (야자수가 있더라도) 언짢은 표정을 한 엄마의 모습과 정돈되지 않은 여러분의 방을 찍은 사진도 하나씩 올려 주세요. 다른 사람들에게 큰 도움이 될 거예요.

제3장

괴롭힘

남을 괴롭히는 사람들

다른 사람이 한 실수 때문에 화가 날 때가 있어요. 길을 가다 몸을 부딪히거나 마음 상하는 말을 들을 수도 있지만, 그런 일 때문에 우리가 불행해지지는 않아요. 하지만 남을 괴롭히는 사람은 좀 달라요. 그들은 상대방이 비참해지기를 바라거든요. 기분 좋은 여러분에게 다가와 일부러 기분 나쁘라고 시비를 거는 식이에요.

이번 장에서는 나쁜 말로 남을 괴롭히는 사람들에 대해 다룰 거예요. 육체적으로 폭력을 행사하는 사람도 있어요. 그런 일이 일어나면 반드시 어른에게 알려야 해요. 언어로 심각한 위협을 가하는 경우도 마찬가지고요.

어려운 질문을 해 볼게요. 이런 사람들은 왜 다른 사람이 속상해지기를 바라며 심술궂은 말을 하는 걸까요? 믿을지 모르지만, 겁이 나서 그래요. 그들은 겁이 없고 무서운 것도 없는 사람처럼 보이지만, 조금만 자세히 들여다보면 그들이 무엇을 두려워하는지 금세 알 수 있어요. 다른 사람이 자신에게 나쁘게 굴까 봐 두려워서 자기가 먼저 남한테 나쁘게 구는 거예요.

그들은 자신이 괴롭힘을 당할까 봐 겁나서 남을 공격해요. 그들은 자신의 삶에서 중요한 사람, 이를테면 부모님이나 형제자매 같은 사람들한테 괴롭힘을 당할까 봐 두려워해요. 그들이 학교 밖에서 어떤 삶을 사는지는 볼 수 없지만, 안타깝게도 그들이 다른 사람들을 괴롭히는 바로 그 방식으로 가혹하게 비난받고 괴롭힘 당해

왔을 거예요. 그들이 하는 짓은 정말 끔찍하지만, 알고 나면 참 슬픈 일이에요. 한마디로 그들은 '먼저 남을 괴롭히면, 내가 괴롭힘을 당하는 일은 없을 거야.'라는 생각으로 못되게 대응하는 거예요.

다른 사람을 괴롭히고 싶은 충동이 드나요? 그럴 때는 자신의 마음 상태가 어떤지 꼭 들여다보세요. 왜 그 사람에게 나쁘게 굴고 싶었나요? 그 사람의 어떤 점 때문에 나쁘게 굴고 싶어졌나요? 혹시 여러분에게 그 사람과 비슷한 점이 있어서인가요?

왜 다른 사람을 괴롭힐까?

남을 괴롭히는 사람들을 살펴보면, 사람들이 왜 나쁘게 행동하는지 알 수 있어요.

> 자신이 고통스러우면
> 상대방에게 끔찍하게 군다.

사람들은 무언가 두려울 때 나쁘게 행동해요. 화를 내거나, 나쁜 행동을 하거나, 못된 말을 내뱉지요. 그들이 무엇을 두려워하는지는 알 수 없어요. 그들은 두려움을 어떻게 설명해야 할지 잘 모르고, 설명해 봤자 아무도 이해하지 못할 거라고 생각해요. 그래서 두려움을 감추고 전혀 두렵지 않은 듯 행동하지요. 이런 일은 가끔 우리에게도 일어나요.

　옛날이야기 중에 이와 비슷한 게 있어요. 옛날 옛적 이집트의 한 마을에 안드로클레스라는 남자아이가 살았어요. 그런데 매일 밤, 그리 멀리 않은 사막에서 사자가 울부짖는 소리가 마을까지 들려왔어요. 안드로클레스는 사자가 화나서 그러는 거라고 생각했어요. 어떤 날은 사자가 마을의 성벽까지 다가오기도 했어요. 사람들은 달빛 속에서 사자가 날카로운 발톱을 쭉 뻗으며 거대한 이빨을 드러내는 모습을 보았어요. 사자는 험악하고 끔찍해 보였지요.

　그러던 어느 날, 안드로클레스가 동굴 옆에서 놀고 있는데 비가 내렸어요. 안드로클레스는 비를 피하려고 동굴로 들어갔어요. 그 동굴은 비를 피하기에 좋은 장소였어요. 안쪽에 사자가 누워 있지 않았다면요. 사자는 안드로클레스를 보자마자 풀쩍 뛰어와서는 끔찍한 소리를 냈어요. 안드로클레스는 무서웠어요. 하지만 이렇게 가까이 있으니, 사자의 울부짖는 소리가 왠지 이상하다고 느껴졌어요. 마치 울고 있는 것처럼 들렸거든요.

　그때 안드로클레스는 사자의 앞발에 커다란 가시가 박혀 있다는 걸 알아챘어요. 그래서 사자가 그토록 화가 나 있었던 거예요. 한참 동안 고통스러워하면서 뭐가 문제인지 말도 못 하고, 가시를 어떻게 빼야 할지도 몰랐던 거예요. 안드로클레스는 사자에게 조용히 다가가 가시를 빼냈어요. 사자는 울부짖기를 멈추고 가만히 엎드렸어요. 그러고는 안드로클레스와 친구가 되었지요.

물론 이건 그냥 허구의 이야기일 뿐이에요. 실제로 사자를 만나면 사자의 앞발에서 가시를 빼내려는 생각은 절대로 하면 안 돼요. 하지만 이 이야기엔 중요한 사실이 담겨 있어요. 많은 사람이 이 사자와 비슷하다는 거예요. 고통받고 있는 사람들은 소리 지르고, 화를 내요. 거칠고 위협적으로 보이지만, 사실은 고통받고 있는 거예요. 손에 가시가 박힌 건 아니지만, 마음속에 다른 고통을 품고 있는 것이지요.

그들은 사랑받지 못한다고 느낄지도 몰라요. 지난날 다른 사람들에게 끔찍하게 굴었던 자신의 모습이 부끄러울 수도 있어요. 비웃음을 받을까 봐 불안해하거나, 다른 사람이 자신에게 화낼까 봐 걱정하거나 슬퍼할 수도 있어요.

만약 어떤 사람이 여러분에게 나쁘게 군다면, 그 사람의 마음속에 어떤 가시가 있는지 생각해 보세요. 그 가시의 정체를 정확히 알 수는 없겠지만, 어떤 가시가 있을지 상상하는 것만으로도 이런 사람을 대하는 방식에 큰 변화를 가져올 수 있어요. 다음 장에 제시된 방법을 참고해 나에게 못되게 구는 친구의 가시를 찾아 보세요.

좋아한다면서 왜 그래?

이상하게 들리겠지만, 좋아하는 사람에게 못되게 구는 사람이 있어요. 좋아하는 사람에게 관심받지 못할까 봐 두려운 나머지, 아예 무엇 때문에 화가 났을까?

엄마가 화가 나서
나한테 소리 질렀다.

가시가 뭘까?

엄마는 언니와
사이가 안 좋다.

아빠가 아이패드를
못 쓰게 했다.

아빠는 회사 일이
너무 걱정된다.

자신의 이야기 써 보기

관심없는 척 굴면서 상대방을 괴롭히는 것이지요.

 자신이 가질 수 없는 것을 원하면 마음이 불편해져요. 그래서 우리는 그것을 얼마나 원했는지 다시 따져 보곤 해요. 장난감이든 친구든 휴일이든 원하는 것을 가질 수 없다는 게 확실해지면, 우리는 그것이 얼마나 의미 있는지 재평가해요. 정말로 간절히 원하는데도 손에 넣을 수 없다는 생각에 사로잡히면 참 힘들거든요.

 새 학기가 시작되었다고 상상해 봅시다. 교실에서 특별한 친구를 발견했어요. 여러분보다 키가 더 크고, 눈이 멋지고, 옷도 잘 입었고, 웃는 모습도 근사해요. 그렇게 멋진 아이는 처음 본 것 같아요. 여러분이 넘볼 상대가 아니라는 생각이 들어요. 그 애와 친구가 되고 싶고 농담도 하고 싶고 수다도 떨고 싶은데, 다가가는 것조차도 어려워 보여요. 그래서 마음의 고통을 줄이기 위해 그 애에게 신경 쓰지 않기로 결심해요. 신경 쓰지 않는다는 것을 자신과 그 애에게 보여 주기 위해 일부러 심술궂게 굴기 시작해요. 그 애를 바보라고 부르고, 다른 아이들을 모아서 그 애를 괴롭혀요. 목도리를 뺏거나 그 애 책상에 낙서를 하면서요. 이상하게 들리겠지만, 누구에게나 일어날 수 있는 일이에요. 상처받기 싫다고 상대에게 못되게 구는 것은 비겁해요. 하지만 남을 괴롭히는 심리를 알고 나면 여러분의 상처가 아주 조금은 가벼워질 거예요.

 다음에 아무 이유 없이 여러분을 괴롭히는 친구가 있다면 이렇게 생각해 보세요. 어쩌면 그 친구는 여러분과 친해지고 싶은데, 여러분이 자신과 친구가 되기 싫어할까 봐 겁먹은 건지도 모른다고요.

뒷담화

여럿이 어울려 살다 보면 끔찍한 일을 겪을 수 있는데, 그중 하나가 뒷담화예요. 다른 사람이 뒤에서 내 흉을 보는 것 말이에요. 어쩌면 여러분도 벌써 겪어 봤을지도 모르겠네요. 흔히 있는 일이니까요.

꼭 알아둘 점은, 모든 뒷담화가 심각한 상처를 주지는 않는다는 거예요. 만약 누군가가 여러분 가족이 유르트(몽골 유목민들이 쓰는 이동 천막)에 사는 양치기들이라고 뒷담화를 했다면, 여러분은 웃기는 말이라고 생각하지 엄청 괴롭지는 않을 거예요. 내가 동네 병원에서 태어났고 엄마는 구청에서 일하는 공무원이라는 사실을 잘 알고 있으니까요.

여기서 중요한 사실을 알 수 있어요. 우리가 진실과 거짓을 확실히 알고 있다면, 사람들이 뭐라고 한들 크게 신경 쓰이지 않을 거예요.

하지만 자기도 확신하지 못하는 부분이 남들 입방아에 오르내리면, 진짜 신경 쓰여요. 예를 들어, 내가 운동을 못하거나 코 모양이 마음에 안 들어서 고민인데, 바로 그 점을 두고 사람들이 이러쿵저러쿵 뒷담화를 하면 상처받을 수밖에 없어요. 자신을 스스로 의심하면 마음에 틈이 벌어지고, 뒷담화는 교묘히 이 틈새를 비집고 들어오지요.

뒷담화로부터 자신을 보호하는 방법은 다음과 같아요.

나 자신을 남보다
더 먼저, 더 잘 알기.

    자신의 운동 능력이나 코 모양, 그 밖에 나와 관련된 수백 가지 사실에 대해 단단하고 독립적인 사고방식을 갖춰야 해요. '난 이렇게 생겼고, 그런 나 자신이 좋아. 그럼 된 거야.'라고 생각하는 것도 한 방법이에요. 운동을 좀 못하고 코가 예쁘지 않아도 괜찮아요. 중요한 건 그게 아니에요. 자신의 진정한 본성을 확실하고 정확하게 파악하는 게 중요해요. 그러면 남이 하는 말은 힘을 잃어서 우리를 다치게 하지 않아요.

    자기 자신을 잘 알고 있다면, 다음에 누군가가 자신을 험담할 때 잠깐 기분이 나쁘겠지만 대수롭지 않게 넘어갈 수 있을 거예요. 나도 마음속으로 내 험담을 많이 하는 마당에 뒷담화가 몇 개 좀 추가된다고 해서 그게 뭐 대수겠어요. 우리는 내 뒷담화를 하는 그 누구보다도 나 자신을 잘 알고 있어요. 누가 내 욕을 하면, 그냥 어깨 한 번 으쓱하고 이렇게 말해 봐요. "그러게, 나도 다 알거든!"

제4장

내 안의 어린아이

나는 몇 살일까?

내가 몇 살이냐니, 이렇게 쉬운 질문이! 당연히 여러분은 자신이 몇 살인지 알 거예요. 그런데 나이를 생각하는 다른 방식이 있어요. 사실 우리는 다양한 나이를 겪고 있어요. 우리의 일부는 아직도 한 살이고, 또 다른 부분은 네 살이에요. 마음속 어딘가에 여전히 어린 시절의 모습을 간직하고 있지요. 그 나이대의 자신과 잘 어울려 지내 보겠다고 생각한다면 행복하고 평화로운 마음을 얻을 수 있어요.

처음 들으면 무슨 소리인지 감이 잘 안 올 거예요. 러시아 인형 마트료시카를 떠올려 보세요. 마트료시카의 크기가 어떠냐고 물으면, 대답하기가 쉽지 않아요. 가장 큰 인형 속에 다른 인형들이 쏙 들어가 있는 상태에서는 그다지 크지 않다고 생각할 수 있어요. 하지만 안을 들여다보면 점점 더 작은 인형이 몇 개 더 들어가 있죠.

나는 엄지손가락을
쪽쪽 빨아
(발가락이랑 장난감도).

나는 아직도 엄지손가락
빠는 걸 좋아해.

학교에 가면
엄마가 보고 싶어.

어디 갈 때 때때로
엄마가 안아 줘.

길을 건널 때는
어른 손을 잡고 가.

외출할 때는
부모님이 나를 안아 줘.

토스트를
정말 좋아해.

피카츄 모양
미트볼이 들어간 파스타가
제일 좋아.

내가 가장 좋아하는
음식은 우유야.

커다란 사다리를
올라가면
달에 닿을 수 있을까?

책 읽는 건
너무 어려워.

트럭이랑 포클레인
장난감이 정말 좋아!

우리 나이도 이와 같아요. 현재의 나이보다 훨씬 어린 모습의 자신을 눈으로는 볼 수 없지만, 여전히 마음 안에 숨어 있다는 것을 알 수 있지요.

어린 모습의 자신은 대부분 마음속에 얌전히 있어서 그런 모습이 있다는 것을 거의 잊고 살아요. 지금은 달이 지구 주위를 돌고 있다는 걸 아니까 사다리를 타고 올라가면 달에 닿을 수 있을 거라고 생각한 어린 시절의 자신이 바보처럼 느껴지겠죠. 하지만 또 다른 나의 일부는 그렇게 생각했던 걸 떠올리며 당시에는 바보 같지 않았다는 걸 기억할 거예요. 처음 수영을 배울 때 얼마나 힘들었는지는 잊었지만, 내 몸의 일부는 수영을 전혀 못 할 것 같던 기분을 기억하고 있어요. 이제는 학교에 가도 부모님이 전혀 보고 싶지 않지만, 나의 또 다른 일부는 아침에 부모님이 학교에 데려다주고 떠날 때 울었던 걸 기억할 거예요. 아직도 어떤 날 아침에는 그런 기분이 들 수도 있고요.

아이 같아도 괜찮다.

우리는 모두 '아직도 아이'인 상태를 끔찍이 두려워해요. 하지만 조금만 용기를 내면 더욱 침착하게 아이 상태인 우리의 일부를 받아들일 수 있어요. 이 어린아이는 우리를 몽땅 차지하지 않아요. 우리가 어렸을 때로 돌아가는 일도 없어요. 그러니 가끔 마음속을 들여다보고 어린아이 상태인 자신과 시간을 보내 보세요.

나이가 든다는 건 신나는 일이에요. 할 수 있는 일이 점점 더 많아지니까요. 하지만 우리 뇌의 일부분은 가끔씩 우리가 다시 어린 시절로 되돌아가면 좋겠다고 생각해요. 외로움을 느낄 때, 한밤중에 잠에서 깼을 때, 무릎이 깨지거나 아플 때 이런 생각이 들 수 있어요. 몸이 피곤할 때는 부모님이 나를 포근히 안아 주면 좋겠다고 생각해요. 가만히 누워서 엄지손가락을 빨고 싶은 기분이 들 수도 있고요. 어떤 사람들은 이런 느낌이 들면 '어린애' 같다면서 걱정해요. 어리광 부리고 싶은 느낌이 들면 나잇값을 못 한다고 생각하지요. 그럴 땐 러시아 인형 마트료시카를 떠올려 보세요. 잠시 작아진 느낌이 든다고 해서 나의 어른스러운 부분이 사라지는 것은 아니에요.

다시 괴롭힘에 대해서

남을 괴롭히는 사람들은 남몰래 두려워하는 게 있다고 한 이야기를 기억하나요? 이제 그들이 무엇을 두려워하는지 좀 더 이해할 수 있을 거예요. 그들은 자기 마음속에 있는 어리고 연약한 부분에 화가 나고, 남들의 어리고 약한 부분에도 화가 나는 거예요. 그들이 다른 사람을 괴롭히는 것처럼 보이지만, 사실은 자신에게 못되게 굴고 있는 거예요. 그들이 다른 사람에게 "엄마를 보고 싶어 하다니, 멍청이구나."라고 말한다면, 그건 바로 자신에게 하는 말이에요.

사실은 "내 마음속 일부가 엄마를 보고 싶어 해서 겁이 나."라고 말하는 거지요.

괴롭힘을 당해서 화가 난다면, 이렇게 생각하는 게 도움이 될 거예요. 여러분을 괴롭힌 사람은 사실 여러분을 빌미로 자기 자신을 공격하고 있는 거라고요.

어른들의 마음속에도 어린아이가 있다

어른이 하는 일은 여러분과 달라요. 어른들은 일하러 나가요. 돈을 벌고, 운전을 하고, 신용카드를 쓰고, 정치 얘기를 하지요. 그래서 어른은 아홉 살이나 열한 살은 어떤지 전혀 모르는 것처럼 느껴져요.

하지만 러시아 인형처럼 어른 안에는 아홉 살짜리 아이도, 열한 살짜리 아이도 있어요. 어른들도 어렸을 때 화산 속에서 무슨 일이 일어나는지 발표하는 과제를 하느라 머리를 쥐어짰을 거예요. 글씨를 예쁘게 못 써서 고민하고, 쉬는 시간에 누구랑 놀지 걱정하고, 부모님은 늦게까지 놀면서 아이들에게만 일찍 자라고 해서 불공평하다고 생각했을 거예요. 어른들의 마음속에는 어린 시절 느꼈던 이런 감정들이 여전히 남아 있어요. 어른들은 여러분과 아주 달라 보이지만, 여러분의 삶에서 어떤 일이 일어나고 있는지 충분히 이해할 수 있답니다.

제5장

학교

학교의 짧은 역사

여러분은 엄청 많은 시간을 학교에서 보내요. 수업을 듣고, 숙제를 하고, 반 친구들과 수다를 떨고, 게임을 하고, 선생님과 면담을 하면서요. 이런 생활은 꽤 오랫동안 계속돼요. 여러분은 너무 익숙해서 학교가 최근에 발명된 장소라는 사실을 모를 거예요. 인류의 긴 역사 중 대부분의 시간 동안에는 학교가 없었어요. 극소수의 사람들만 읽고 쓸 수 있었고, 아이들은 일하도록 교육 받았지요.

필립 갈레, 〈화가의 작업실〉, 1595년경

화가가 되고 싶다면, 여덟 살이나 아홉 살 때쯤 화가(위 그림 가운데 우스꽝스러운 모자를 쓰고 단 위에 서 있는 어른이 화가예요)를 찾아가 옆에서 심부름을 하며 그림 그리는 법을 배웠어요. 그림을 보면 아이들도 어른과 똑같은 옷을 입고 있어서 누가 화가인지 금방 알아보기 어렵지요? 농장에 살았다면, 아주 어렸을 때부터 하루 종일 가축 돌보는 일을 배웠어요. 설령 학교를 가더라도, 여덟 살부터 고작 몇 년 동안만 다닐 수 있었어요. 옛날에는 많이 배우지 못하는 일이 흔했어요.

옛날 사람들은 대부분 농장에서 살았고, 아이들도 농장 일을 도왔어요.

제임스 거스리, 〈새로운 목초지로〉, 1883년

오늘날 학교는 훨씬 더 좋아졌지만, 아직도 완벽하진 않아요. 놀라운 일은 아니지요. 어른들은 아직도 학교를 어떻게 조직하고, 무엇을 가르치고, 어떻게 가르쳐야 하는지 확신하지 못하거든요. 오늘날 교육이 옛날과 얼마나 달라졌는지 생각하면, 미래의 교육이 지금과는 엄청나게 다른 모습이 되리라는 걸 짐작할 수 있어요.

어른들은 지금도 더 좋은 학교를 만들기 위해 머리를 맞대고 열심히 논의하고 있어요!

우리가 배워야 하는 정말 중요한 것들

여러분은 교육은 학교에서 이뤄지는 일이라고 생각할 거예요. 사실 교육은 그보다 훨씬 더 큰 의미를 가지고 있어요. 교육은 배우는 것을 뜻해요. 우리는 학교에서 무엇을 배울 수 있을까요?

아이들은 학교에서 읽기와 셈하기 같은 기본적인 것을 배웠을 거예요.

얀 스테인, 〈마을 학교〉, 1670년경

코미디언을 떠올려 보세요. 코미디언들은 재미난 농담을 어떻게 하는지 마법처럼 우연히 알게 된 게 아니라 배운 거예요. 스스로 공부하고 동료들과 서로의 개그를 평가하고 조언을 해 주면서 배운답니다. 학교에서는 웃기는 사람이 되는 방법을 가르치지 않지만, 언젠가는 그렇게 될 수도 있겠지요. 학교에서 코미디를 배운다면, 모두가 코미디언이 되지 않더라도 (모두 쓰는 법을 배우지만 작가가 되는 사람은 거의 없듯이) 훨씬 더 재미있는 사람이 되지 않을까요?

착한 사람들을 생각해 보세요. 그들은 다른 사람들을 이해해 주고, 곤란에 빠진 사람들에게 친절을 베풀고, 화난 사람을 진정시킬 줄 알아요. 어린아이였을 때는 이런 일을 전혀 할 줄 몰랐지만 성장하면서 배웠을 거예요. 사실 '친절하기'는 쉽게 배울 수 있는 게 아니지만 인생을 살아가는 데 진짜 필요한 덕목이기 때문에, 이런 건 훨씬 더 많이 배워야 할 것 같아요. 좋은 직업도 여러분을 좋아하는 사람, 여러분의 성격이 좋다고 생각하는 사람이 있어야 얻을 수 있거든요. 그 직업에 맞는 실력과 자격을 갖추는 것도 중요하지만, 사장님들은 좋은 사람이 자기 회사에서 일했으면 좋겠다고 항상 말해요. 그런데 그런 건 학교에서 가르쳐 주지 않아요.

어떤 사람들은 어려움에 잘 대처해요. 이런 사람들은 일이 잘 풀리지 않더라도 허둥지둥하지 않아요. 가장 덜 나쁜 선택이 무엇인지 차분히 파악하고 묵묵히 밀고 나아가지요. 이런 사람들은 실수를 저질러도 심하게 화내지 않아요. 화내기보다는 바로잡을 수 있는 일이 있는지 먼저 살피죠. 그리고 모든 사람의 기분을 맞추려고 안달하지 않고, 모두가 자신을 좋아하지 않더라도 자기 자신을 아끼는 마음을 갖고 있어요. 이런 사람들은 그냥 운이 좋은 거라고요? 사실, 이런 건 다 배워서 익힐 수 있는 기술이지만 우리는 대개 이런 것을 배우는 데 주의를 기울이지 않아요.

우리는 힘들거나 두려운 상황에 어떻게 반응하도록 배울까요? 아마 어떤 어른들은 이렇게 말할 거예요. "진정해." 또는 "그렇게 중요한 일은 아니잖아." "괜찮아."라고요. 이런 건 글 읽는 법을 가르친답시고 "책을 읽으라니까!"라고 말하는 것과 똑같아요. 문장을 읽고 완벽하게 이해하는 데는 수년이 걸리는데 말이에요. 선생님이 피아노를 가르쳐 준답시고 "피아노를 봐. 그리고 피아노를 치면 되잖아. 왜 못 쳐?"라고 말한다고 상상해 보세요. 뭔가 어려운 걸 배우려면 시간이 오래 걸려요. 연습도 하고 도움도 많이 받아야 해요. 어려운 상황에 대처하는 방법을 배우는 것도 이와 다르지 않아요.

교육에는 다양한 분야가 있지만, 학교는 몇 가지 분야에만 집중해요. 학교가 지루하게 느껴진다면, 여러분이 배우는 걸 싫어해서가 아니라, 멋진 삶을 살기 위해서 꼭 배워야 하는 것을 학교가 가르치지 않기 때문이에요. 옆에 여러분이 배우고 싶어 할 만한 것들을 나열해 봤어요.

여러분이 배우고 싶은 것이 따로 있나요? 당장 떠오르지 않아도 괜찮아요. 나중에 다시 생각해 보고, 그때 더 추가해도 돼요.

어쩌면 진짜 관심 있는 것을 직접 써 보는 게 어색할 수도 있어요. 그렇다면 그냥 생각만 하고 있어도 돼요. 그걸 기록하는 것보다

게임에서 졌을 때 어떻게 하면
화를 덜 낼 수 있을까?

자전거를 타는 게
왜 그렇게 좋을까?

어른들은 왜 커피, 맥주,
와인을 좋아하지?

왜 어떤 사람은 착하고,
어떤 사람은 못됐을까?

어떻게 해야 부자가 되지?

오늘 아침에 엄마는
왜 나한테 화를 냈을까?

'잘나가는' 무리에
끼는 게 중요할까?

어른들은 돈 얘기를
왜 그렇게 많이 하지?

배우고 싶은 게 있다는 게 더 중요하니까요. 그런 걸 가르쳐 주는 곳이 아직 없을 수도 있어요. 내게 딱 맞는 학교를 발명한다면, 그 학교는 어떤 모습일까요?

성공에 대한 잘못된 생각

학교에서는 좋든 싫든 누가 공부를 잘하고 못하는지 알게 돼요.

어떤 학생은 시험에서 좋은 점수를 받고 어떤 학생은 그렇지 않아요. 여러분의 학교 성적이 좋지 않다면 걱정될 수도 있어요. 지난 학기에 받은 성적표가 어른이 된 후 힘들게 살 거라는 징조라며 불안해할 수도 있어요. 그런데 여러분의 인생에서 학교가 얼마나 중요할까요? 이 문제를 깊이 생각해 봅시다.

사람들의 삶을 보면 아주 중요한 사실 두 가지를 알 수 있어요.

사실 1
학교에서 우등생이지만, 실제 인생에서는
별로 성공하지 못하는 사람들이 있다.
물론, 학교에서 잘하면
나중에 무조건 실패한다는 뜻은 아니지만,
학교에서 뛰어난 학생이라고 해서
모두 어른이 되어 잘 사는 건 아니다.

사실 2
학교에서 잘 지내지 못했지만, 학교를 떠난 뒤에
크게 성공한 사람들이 있다.

학교를 떠난 뒤에 잘 지내려면, 다음과 같은 능력이 도움돼요. 이런 덕목은 성공한 어른이 되는 데 꼭 필요해요. 일을 잘하는 데 도

- 다른 사람의 요구에 민감하기
- 잘못했을 때 인정하기
- 속상하고 화난 사람들 진정시키기
- 좋은 생각 고수하기
- 남의 의견 경청하기 (내가 싫어하는 사람의 의견도)
- 도움이 필요한 사람 돕기
- 별로 좋아하지 않는 사람도 친절히 대하기
- 이러쿵저러쿵 간섭하지 않으면서 잘 이끌어 주기

움이 되고, 삶을 즐기고 결혼 생활을 잘 유지하는 데도 도움이 되지요. 하지만 학교에서 보는 시험으로는 이런 것들을 확인할 수 없어요. 시험 성적으로는 나중에 어른이 된 후 어떻게 살아갈지 알 수 없지요.

학교와 실제 삶은 이런 점에서도 달라요. 학교에서는 누군가 답을 알고 있는 내용으로 시험을 봐요. 선생님은 'theater'의 철자를 알고, 3983을 17로 나눌 수 있고, 화산이 어떻게 폭발하는지 그림으로 깔끔하게 그릴 수 있어요. 그리고 여러분이 이런 내용을 잘 알고 있는지 시험으로 파악할 수 있지요. 여러분은 어른들이 이미 알고 있는 사실을 학교에서 배우고 있는 거예요.

그런데 이런 것만 배우면 안타까운 일이 일어날 수도 있어요. 학교를 졸업한 뒤, 삶에서 부딪치는 중요한 문제들은 학교 시험에 나오지 않아요. 살아가면서 마주할 질문들은 누구도 먼저 알고 있거나 대답해 줄 수 없는 것들이에요. 예를 들면, 다음과 같은 질문들이지요.

> 새 공장을 짓는 게
> 진짜 좋은 생각일까?

> 레스토랑 메뉴에
> 어떤 요리를 넣어야 할까?

> 사람들이 깔깔 웃을 만한
> 개그를 어떻게 만들지?

> 꽃 한 다발의 가격을
> 얼마로 매길까?

살다 보면 오직 자신만 대답할 수 있는 질문이 많아져요. 이런 질문의 정답을 알고 있는 선생님은 없어요. 시험을 잘 본다고 이런 질문에 척척 답할 수 있는 것도 아니고, 시험을 못 본다고 이런 질문에 답할 수 없는 것도 아니에요.

> 난 무엇을 해야 행복할까?

> 내가 인생에서 중요한 것은 무엇일까?

> 내가 사귀고 싶은 친구는 어떤 사람일까?

> 내가 관심 있는 것은 무엇일까? 나는 어떤 일에 내 열정을 쏟을 수 있을까?

학교에 다닐 때는 수업을 열심히 듣고 시험을 잘 보는 게 중요하게 느껴질 수도 있어요. 하지만 학교에서 잘하는 것과 어른이 되어서 잘하는 건 꽤 달라요. 어른이 되어서 성공하는 것은 학교에서 성공하는 것과 달라요. 이 둘의 성공은 서로 밑바탕이 달라서, 학교생활만 보고 어른이 된 후 어떤 삶을 살지 가늠할 수는 없어요. 모든 가능성은 활짝 열려 있어요. 학교 공부를 못하더라도 나중에 분명 잘될 거라는 말은 아니에요. 학교에서 잘했다고 나중에 분명 못하는 것도 아니고, 학교에서 잘했다고 나중에 분명 잘된다는 뜻도 아니에요.

늘 잘하려는 마음

어떤 사람은 학교에서 잘하고 싶어 해요. 여러분도 이런 기분이 들 거예요. 숙제를 제대로 하고, 글쓰기도 완벽하게 하고, 경시 대회에 나가서 상도 받고 싶을 거예요. 시험을 칠 때는 한 문제도 실수로 틀리지 않기를 바라지요. 아마 하면 안 되는 일은 그 무엇도 하지 않으려고 조심조심할 거예요(그리고 다른 사람이 그 규칙을 어기면 화가 날 테고요). 선생님 마음에 들고 싶고, 선생님이 여러분을 좋아하지 않으면 걱정도 되지요.

지금쯤 이런 생각을 할지도 모르겠네요. '흠, 원래 그래야 하는 거 아닌가?' 그런데 말이에요, 늘 잘하려고 애쓰는 마음에는 문제가 있어요.

옆 페이지는 어느 유명한 작가가 쓴 원고예요. 여러분이 낸 숙제가 이렇다고 생각해 보세요. 줄을 찍찍 긋고 문장을 마구 바꿔 놨다고요. 정말 정신없어 보이죠? 작가들은 이런 다음에도 글을 또 고쳐요. 마침내 자신이 만족할 수 있는 글이 나오기까지 한참 걸리지요. 글을 잘못 썼다고 바로 내던진다면, 작가의 글은 절대 나아지지 않을 거예요.

**만족스런 결과를 얻기 전까지는
꽤 많은 실수가 있다.**

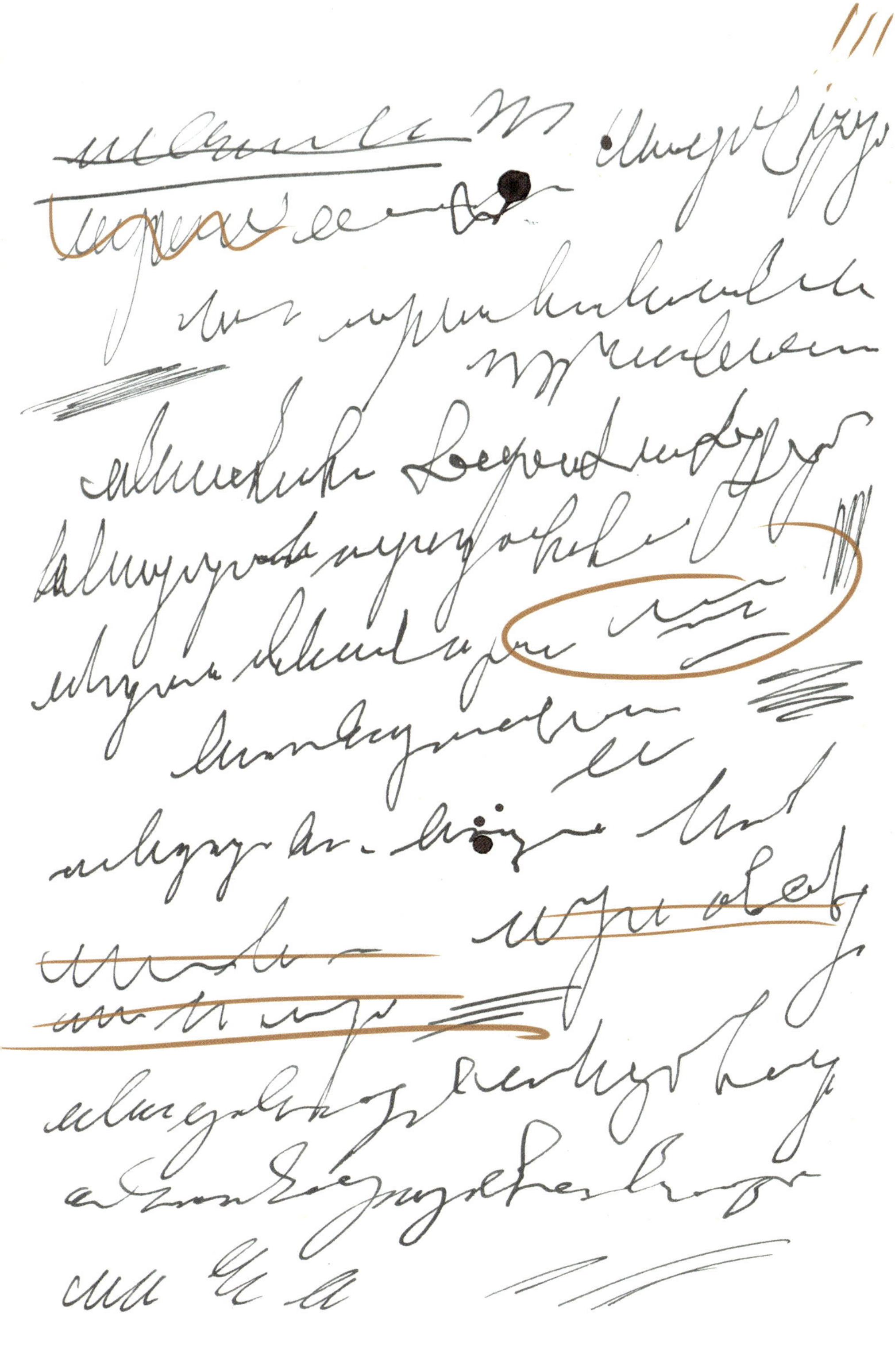

모두를 만족시킬 순 없다

좋은 사람이라고 모든 것에 동의하는 건 아니에요. 오히려 반대하는 일이 흔해요. 여러분은 어떤 것을 중요하다고 생각하는데, 반대하는 사람들을 만날 수도 있어요. 권력이나 영향력을 가진 사람들의 기분을 맞추려고 아등바등한다면, 여러분 자신에게 중요하고 가치 있는 일에 목소리를 낼 수 없을 거예요. 정말 필요하고 중요한 일도 반대에 부닥치고, 거절당하고, 심지어 몇몇 사람들을 화나게 할 수 있어요.

실수하더라도 보살핌과 인정을 받을 수 있다

우리 마음 한구석에는 실수를 저지르면 선생님이나 부모님이 우리를 비난하고 관심을 거둘지도 모른다는 두려움이 있어요. 하지만 사실 어른들도, 아니 모든 어른들이 살면서 많은 실수를 해요.

실수와 실패와 결함을 이해해 주는 게 진정한 친절이에요. 만약 여러분이 실수했을 때 용납하지 않는 사람이 있다면, 그 사람에겐 너무 많은 기대를 하지 마세요. 그런 사람들은 본심은 착할지 몰라도, 어찌 됐든 친절한 사람은 아니에요.

제6장

친구

진짜 좋은 친구란?

친구란 어떤 존재일까요? 꽤 중요한 질문이에요. 여러분은 누군가를 친구라고 불러요. 이때 '친구'란 어떤 사람을 말할까요? 보통 시간을 함께 보내고, 어떤 일을 함께 즐기고, 같이 수다 떨 수 있는 사람을 떠올릴 거예요. 이것도 멋지지만, 친구가 할 수 있는 또 다른 역할이 있어요. 진짜 좋은 친구란 무엇일까요? 아마 옆 페이지에 나오는 특징을 가진, 그런 사람일 거예요. 이 목록은 여러분에게 왜 친구가 많은지, 왜 별로 없는지 그 이유를 설명해 줄 거예요.
여기에는 다음과 같은 비밀이 있어요.

**진짜 좋은 친구들을 둔 사람은
그렇게 많지 않다.**

다들 함께 놀고 시간을 보내는 사람은 몇몇 있을 거예요. 하지만 이런 사람들이 모두 진정한 친구는 아니에요. 그냥 시간이 맞는 사람들과 어울려 지내는 것뿐이지요.
고대 철학자인 세네카는 "진정한 친구는 하늘에 떨어지는 별똥별만큼이나 드물다."라는 말을 했어요. 별똥별은 50년에 한 번씩 오니까, 정말 드문 거죠!
좋은 친구는 몇 가지 특징이 있어요. 여러분이 걱정이 있다고 말했을 때 좋은 친구라면 "별것도 아닌데 바보같이 굴지 마."라고 말하는 대신 "무슨 걱정인데? 한번 얘기해 봐."라고 말할 거예요. 여러분이 어떤 주제에 대해 말하면, 좋은 친구는 귀 기울여 듣고는 "재밌는 얘기다. 그래서?"라고 더 궁금해할 거예요. 여러분이 실수하면, 자기도 실수한 적 있다면서 "내가 바보였지. 좀 겁을 내는 바람에 망쳤어." 하고 털어놓을 거예요. 좋은 친구는 자신의 약점을 솔직히 이야기하면서, 여러분이 자신의 문제를 함께 나눌 수 있도록 조용히 이끌어 줘요. 좋은 친구 때문에 화날 수도 있지만, 그럴 때는 친구가 진심으로 미안해하며 사과할 거예요.

- 친구의 기분을, 심지어 나쁜 감정까지 알아챈다.
- 친구의 얘기에 관심을 가지고 더 알려고 한다.
- 잘못하면 사과하고 진심으로 미안해한다.
- 자신의 약점을 숨기지 않는다.
- 친구의 비밀을 잘 들어준다.
- 친구가 실수해도 그럴 수 있다고 안심시켜 준다.

앞에서 무엇이 나를 나답게 만드는지 얘기했던 것 기억하나요? 이를 닦을 때 퍼뜩 떠오르는 온갖 재미난 일 같은 것들 말이에요.

좋은 친구는 그런 것에 관심을 가져요. 어쩌면 한 살이나 여섯 살 때 여러분의 모습이 어땠는지 궁금해할지도 몰라요. 좋은 친구가 된다는 건 꽤 어렵고, 그래서 아주 특별한 일이에요. 아직 멋진 친구를 만나지 못했을 수도 있지만, 살면서 어느 순간에는 만나게 될 거예요.

진정한 친구를 만나기 전까지는 가끔 외로울 수도 있어요. 많은 사람들이 여러 사람과 어울리면서 아무렇지 않아 보여도 사실은 외로움을 느껴요. 외롭다는 건 이상하거나 슬픈 일이 아니에요. 여러분이 단순하지 않고 흥미로운 사람이라는 신호예요. 이 책을 쓴 저 역시 겉으로는 아무렇지 않아 보여도 때때로 외로움을 느낀답니다.

나 자신과 친구되기

여러분은 자기 자신과 얼마나 친한가요? 낯설고 대답하기 까다로운 질문일 거예요. 그렇다면 예를 들어서 생각해 볼까요? 친구와 점심을 먹는데 친구의 턱에 뭔가 묻었다고 상상해 봐요. 좋은 친구라면 어떤 말을 해 줄까요? "턱에 뭔가 살짝 묻었어. 나도 먹다가 늘 얼굴에 뭘 묻히는데." 이런 식으로 말하면서 편안하고 재미난 상황을 만들 거예요. 친절하지 않은 사람은 "어휴, 창피하게! 너 되게 웃겨 보여! 제대로 먹을 줄도 모르니 뭔들 제대로 하겠니!" 하고 말할 거예요.

이제 여러분이 턱에 음식을 묻혔다고 상상해 봅시다. 갑자기 얼굴에 뭔가 묻었다는 걸 깨달았어요. 자신에게 뭐라고 말할 건가요? '바보 같아. 제대로 먹을 줄도 모르니, 뭔들 제대로 하겠어.'라고 생각했나요? 그렇다면 자신에게 나쁘게 굴고 있는 거예요. 자기 자신과 좋은 친구라면 친절한 친구가 해 줬을 법한 말과 같은 말을 떠올릴 거예요. '누구에게나 일어날 수 있는 일이야. 웃기긴 하네. 이 나이에 턱에 음식물을 묻히다니!' 하고 말이지요. 머릿속에 떠오르는 생각들을 붙잡아 보세요. 그러면 여러분이 자신과 좋은 사이인지 나쁜 사이인지 알 수 있을 거예요.

또 다른 예를 살펴봅시다. 친구가 정말 들어가고 싶어 하던 축구부에 뽑히지 못했어요. 친절하지 않은 친구는 뭐라고 말할까요? 아마 "야, 잘해야 붙지. 넌 절대 못 붙는다니까. 공을 계속 차 봤자 또 떨어질걸. 늘 떨어졌는데, 다음에 붙을 리 있겠냐?"라고 말할 거예요. 좋은 친구라면요? "운이 나빴구나. 실망스럽겠다. 하지만 거의 붙을 뻔했잖아. 정말 열심히 했으니까 그걸로 된 거야. 축구부에 떨어졌어도 나한테 넌 여느 때와 똑같아. 우리 다른 재미난 거 하러 가자."

이제 축구부에 떨어진 사람이 여러분 자신이라고 가정해 보세요. 자신에게 어떤 말을 해 줄 건가요? 자신에게 친절하지 않은 사람이 될 건가요, 다정한 사람이 되어 줄 건가요?

옆 장의 빈칸을 채우면서, 자신에게 얼마나 다정한지, 또는 얼마나 통통거리는지 생각해 봅시다. 빈칸을 채운 뒤, 자신에게 하려고 쓴 말을 자세히 읽고 물어보세요. '나는 자신에게 좋은 친구일까?' 자신에게 그다지 좋은 친구가 아니라 해도 너무 걱정하지 마세요. 사실 그게 정상이거든요. 우리는 대부분 남들에게 해 주는 것만큼 자신에게 친절하지 않아요.

시험을 못 봤을 때

좋은 친구라면 뭐라고 말할까?   자신에게 뭐라고 말할까?

카펫에 오렌지 주스를 쏟았을 때

좋은 친구라면 뭐라고 말할까?   자신에게 뭐라고 말할까?

생일날 기분이 안 좋을 때

좋은 친구라면 뭐라고 말할까?   자신에게 뭐라고 말할까?

어떻게 하면 자신과 더 좋은 친구가 될 수 있을까?

자신에게 친절하지 않다는 걸 눈치챘다면, 마음속으로 자신에게 말하는 방식을 바꿔 보세요. 방법은 이미 알고 있어요. 좋은 친구라면 일이 잘 안 풀릴 때 어떤 말을 할지 상상하면 돼요.

여러분이 걱정스럽거나 화날 때, 또는 뭔가 바보 같은 짓을 했다는 생각이 들 때, 자신에게 이렇게 물어보세요. '친절한 친구라면 지금 내게 뭐라고 말해 줄까?'

이런 생각을 자주 하다 보면 습관이 돼요. 어느 틈엔가 자신에게 상냥하게 말하고, 그러다 보면 삶이 훨씬 더 다정해질 거예요.

부러움 뒤에 숨어 있는 진짜

어떤 사람은 내가 가지고 싶지만 가지지 못한 걸 가지고 있어요. 내가 잘하고 싶은데 잘하지 못하는 걸 잘하는 사람도 있고요. 이런 사람들을 생각하면 더럭 짜증이 나죠.

여러분이 부러움을 느낀다고 상상해 봅시다. 많은 사람이 이렇게 말할 거예요. "남을 부러워하면 안 돼. 부러워해서 좋을 게 없어. 그건 나쁜 거야. 이미 가지고 있는 것에 감사해야지. 다른 사람들이 가진 물건이나 능력을 부러워할 필요 없어." 좋은 충고예요. 하지만 평상시와 좀 다르게 접근하면 더 도움이 될 거예요. 부러움이라는

휴일에 나는 집에 있어야
하는데 친구들은
스키장에 간다.

친구네 부모님은 친구가
한참 동안 컴퓨터 게임을
하게 해 준다.

나도 친구처럼 생겼으면
좋겠다.

친구네 집에는
진짜 비싼 자동차가 있다.

나는 운동을 못하는데
친구들은 잘한다.

나는 수학 때문에 끙끙거리는데
친구들은 잘한다.

것에 대해 진지하고 신중하게 생각해 보세요. 부러워하지 않으려고 애쓰지 말고, 부러움이란 감정에 흥미로운 질문을 던져 보는 거예요. 부러움이 중요한 뭔가를 알려 주지 않을까요?

또 다른 방식으로 부러움을 생각해 볼까요? 레이더가 뭔지 알죠? 레이더는 공항에서 비행기가 들어오는 걸 감지하는 데 쓰여요. 굉장히 똑똑한 발명품이지만, 알려 주는 정보에 한계가 있어요. 레이더가 갑자기 삑삑거린다면, 어떤 물체가 다가오는 걸 포착한 거예요. 하지만 그게 뭘까요? 레이더가 그것까지 알려 주지는 않아요. 그것은 작은 경비행기일 수도 있고 거대한 여객기일 수도 있어요.

레이더를 보니 궁금증만 더 생기네요. 어쩌면 조종사와 무선 연락을 해야 할지도 몰라요. 레이더는 멋진 발명품이지만, 우리가 알아야 할 모든 것을 알려 주지 않아요.

부러움도 레이더 같아요. 여러분에게 중요한 어떤 것을 다른 사람이 가지고 있는 것 같지만, 그게 뭔지는 정확히 알 수 없어요. 정확히 안다고 생각할 수도 있지만, 아마 아닐 거예요. 여러분은 친구가 휴일에 부모님과 스키장에 간다는 사실을 부러워해요. 그런데 여러분이 진짜로 부러워하는 건 뭘까요? 아마 스키 타는 것보다는 아빠와 함께 보내는 시간일 거예요. 이렇게 생각하다 보면, 스키 타러 가기보다는 아빠랑 함께 많은 시간을 보내고 싶어 한다는 점을 깨달을 거예요. 아빠가 다른 곳에서 살기 시작하면서 함께 지내지 못했거든요.

친구네 집에 멋진 차가 있어서 부러워하는 경우도 볼까요? 그 차가 멋져 보이는 이유가 무엇인지 자신에게 물어보세요. 자동차가 멋져 보이기도 하지만, 곰곰이 생각해 보면 엄마가 그 차를 몰면 엄청 행복해할 거라는 생각 때문에 괜히 마음이 싱숭생숭했던 거예요. 요즘 엄마가 행복하지 않아 보였거든요. 여러분은 자주 투덜거리는 엄마를 어떻게 도와줘야 할지 알 수 없어 마음 쓰였던 거예요.

이렇듯 여러분에게 정말로 중요한 것은 사실 스키나 자동차가 아니에요. 스키나 자동차가 가리키는 훨씬 더 중요한 무언가가 있어요.

수학을 잘하는 사람을 부러워할 수도 있어요. 그런데 여러분이 바라는 건 뭘까요? 가장 먼저 레이더에 걸린 건 '수학을 잘하는 것'이에요. 하지만 그 뒤에 있는 진짜는 무엇일까요? 아마 칭찬받거나 인정받기를 바라는 마음일 거예요. 부모님이 수학이 가장 중요하다고 누누이 말했거든요.

이런 걸 생각해 보면, 여러분이 진짜로 부러워하는 건 수학을 잘하는 사람이 아니라 부모님과 함께 있을 때 편안하다고 느끼는 사람일 거예요. 여러분은 어려운 계산과 방정식을 능숙하게 푸는 사람을 부러워하면서 훨씬 더 중요한 깨달음을 얻었어요. 여러분이 진짜로 신경 쓰는 건 수학과는 크게 상관없다는 사실을요.

여러분이 부러워하는 것은 여러분이 무엇을 진정 원하는지 알려 줘요. 혼란스럽지만 흥미로운 신호지요. 하지만 혼란스럽기 때문에 생각이 잘못된 방향으로 흐를 수도 있어요. 부모님과 더 놀고 싶은 건데, '스키 타러 가고 싶어.'라고 생각하는 거죠. 내가 잘하는 것으로 부모님에게 인정받고 싶은 건데, 수학을 잘해야겠다고 엉뚱하게 방향을 잡는 것이지요.

다행스럽게도 여러분이 부러워하는 것보다 진짜로 바라는 것을 얻는 게 더 쉬워요. 스키를 타러 갈 수는 없어도, 아빠와 게임을 하는 건 가능하지요. 엄마에게 멋진 차를 사 줄 수는 없어도, 소파에서 엄마랑 이불을 덮고 앉아 텔레비전을 보면서 엄마의 기운을 북돋아 줄 수도 있고요.

여러분이 부러워하는 사람들의 이름을 쭉 적고, 왜 그들을 부러워하는지 말해 봐요. 그런 다음 곰곰이 생각해 보세요. 무엇에 그토록 마음이 끌렸나요? 겉으로 보이는 것 말고, 그 뒤에 숨어 있는 것은 무엇인가요? 어떻게 그것을 얻을 수 있을까요?

마음속 화재경보기를 끄는 법

어린 양을 봤는데 너무 귀여워서 가까이 다가가 맛있는 풀을 주고 싶다고 상상해 봐요. 하지만 어린 양은 여러분이 다가오는 것을 보자마자 달아나요. 왜 그럴까요? 여러분은 해를 끼치려고 하지 않았지만, 양은 위협을 느낀 거예요. 여러분은 양을 보고 겁이 많다고 생각할 거예요.

때때로 겁이 날 때가 있는데, 이는 당연한 일이에요. 모르는 사람을 만나면, 그가 사실은 좋은 사람이어도 우리 뇌에서는 '위험' 신호를 보내요. 부모님의 친구가 저녁 식사를 하러 와서 부모님이 인사를 드리라고 하는데 도망가거나 방 안으로 숨고 싶은 기분이 들 때가 있어요. 학교에 전학생이 왔는데, 새 친구와 이야기를 잘 나누지 못할 것 같은 기분이 들 수도 있지요.

어린 양이 그랬듯이, 우리 뇌도 오해하고 있는 건지도 몰라요. 상대방이 위협적인 사람이라는 생각이 들지만, 사실은 좋은 사람일 수도 있어요. 머릿속에 있는 비상벨이 좋은 사람과 그렇지 않은 사람을 항상 잘 구별하는 건 아니에요.

화재경보기를 예로 들어 봅시다. 화재경보기는 훌륭한 발상에서 나온 장치예요. 여러분도 진짜 불이 난다면 경고음이 울리기 바랄 거예요. 그런데 화재경보기가 너무 민감해서 물을 끓이기만 했는데 경고음이 울렸다고 상상해 봐요. 증기와 실제 화재도 구분하지 못한 거예요.

겁이 많은 사람의 뇌는 지나치게 민감한 화재경보기 같아요. 다른 사람들과 함께 있다 보면 위험한 일이 생길 수도 있어요. 그래서 우리는 경보 알람이 그런 경우를 알려 주기를 바라지요. 하지만 경보 알람이 너무 민감하면 전혀 위험하지 않을 때도 지나치게 빨리 울릴 수 있다는 걸 이해했을 거예요.

여러분을 두렵게 하는 사람들을 생각해 봅시다. 그들은 여러분보다 나이가 많거나 어릴 수 있어요. 여러분보다 머리가 덥수룩하

다거나 더 단정할 수 있고요. 말하는 방식이 다를지도 몰라요. 옷을 단정하게 입거나 웃긴 신발을 신었을 수도 있지요. 여러분의 뇌는 저런 모습을 한 사람이 좋은 사람일 리 없다고 생각하지만, 실제로는 성품이 좋고 친절한 경우가 많아요.

우리 눈앞에 드러나지 않은 상대방의 삶은 어떨지 상상해 보세요. 상대방을 두려워하지 않는 데 도움이 될 거예요. 겉으로는 나와 참 달라 보이는 사람도 나를 이해하고 나에게 친절한 구석이 있을 거라고 짐작하게 하는 부분이 많을 거예요.

중요한 건, 겉으로 보이는 것보다 마음속에 훨씬 더 많은 것이 담겨 있다는 거예요. 우리가 어떤 사람인지 겉모습이 알려 주는 건 많지 않아요. 그래도 어쨌든 머릿속에서는 경고음이 울리고 있겠죠. 이 경고음을 무시해 봐요. 엄마가 토스트를 만들고 있는데 화재경보기가 작동되었을 때처럼요.

무작정 겁먹지 않도록 이런 질문을 해 보세요. 첫 번째 질문, 나는 어떤 사람을 보면 겁을 먹나요? 쉬운 질문 같지만, 그렇지 않을 거예요. 때로는 그냥 자신에게 말을 거는 것만으로도 큰 진전이 되기도 해요.

두 번째 질문, 나는 왜 그 사람 때문에 걱정하나요? 그 사람이 나를 비웃거나, 나쁜 말을 하거나, 나를 무시할 거라고 생각했을지 몰라요. 그들의 생김새를 보고 자신에게 친절할 리 없다고 느낄 수도 있지요. 그들은 너무 깔끔하거나, 너무 지저분하거나, 너무 나이 들었거나, 너무 예쁘거나, 너무 시끄럽거나, 너무 똑똑하거나, 너무 어

나를 겁먹게 하는 사람은?	이런 사람의 실제 모습은?
몸집이 큰 사람, 시커먼 옷을 입은 사람, 나이 든 사람	그 사람에게도 내 또래의 아이가 있을 거야. 그 사람에게도 어린 시절이 있겠지. 그들도 때때로 겁을 먹을 거야.
나는 게임을 잘 못하는데 맨날 이기는 사람	그 사람한테도 게임은 못하지만 엄청 귀여운 동생이 있을 거야.
다른 나라에서 온 아이	그 아이도 고향에 나와 비슷한 친구가 있을 거야. 그 아이는 아무도 자신을 좋아하지 않을까 봐 걱정할 거야.
나는 돈이 없는데 돈을 많이 가진 사람	돈이 전부라고 생각하지 않아. 그들도 새로운 물건을 살 땐 고민할지도 몰라.
좀 거칠어 보이는 사람, 심술이 나 보이고 인사 안 하는 사람	사실은 생각이 깊고 순할 거야. 그들도 겁을 먹고 있어. 바로 나처럼!

려요. 그 사람의 얼굴을 보면 자신이 싫어하는 사람이 떠오른다든지, 자신이 모르는 곳에서 온 사람이라든지, 왠지 심각해 보인다든지 등 이유는 수없이 많아요.

그렇다면 이제 가장 중요한 질문을 해 봅시다.

**그 사람들에 대해서
무엇을 상상하면 도움이 될까?**

기억해 두면 신기하게 도움이 되는 깨달음이 있어요. 사람들은 겉보기에는 달라 보이지만 사실은 다들 비슷하다는 사실 말이에요.

진정한 사랑의 비밀

사람들이 키득거리면서 사랑에 관해 말하는 걸 들어봤을 거예요. 학교에서 "누가 누구를 좋아한다더라." 하는 말일 수도 있고, 영화에서 "사랑해요."라는 대사를 들었을 수도 있어요. 사촌 언니가 결혼하기로 했다거나, 엄마 친구 아들이 결혼한다고 말했을 수도 있고요. 신기하기도 하고 좀 어리둥절하게 들리기도 해요.

사랑이란 뭘까요? 누군가를 사랑한다는 건 다음과 같은 뜻일 수 있어요.

- 사랑하는 사람의 문제에 관심을 가지고 문제를 제대로 이해하길 바란다.

- 상대는 가끔씩 나를 다정하게 대하지 않아도 나는 상대를 친절하게 대한다.

- 가끔 내 마음에 들지 않아도, 상대가 원한다면 한다.

- 사랑하는 상대에게 무엇이 최고인지 늘 생각한다.

- 자신의 행복만큼이나 사랑하는 이들과의 행복이 중요하다.

- 상대가 화를 내더라도 잘못은 짚어 준다. 사랑하는 사람을 돕고 싶기 때문이다.

어떤 사람이 여러분에게 이런 감정을 느낀다고 상상해 보세요. 상상만으로도 굉장히 멋지지 않나요? 이런 감정은 보통 부모님이 자녀에게 느끼는 감정이에요. 부모님이 항상 완벽한 건 아니지만, 대개는 자녀에게 이런 친절함을 베풀려고 노력하지요. 여러분은 이렇게 사랑을 받으며 자라 왔기 때문에 사랑이 무엇인지 어렴풋하게 알고 있어요. 멋지고 성숙한 관계에는 이런 사랑이 어느 정도 깃들어 있어요.

누가 누구와 좋아한다고 키득거리는 사람들은 사랑을 잘 알고 있어서가 아니라 사랑이 무엇인지 잊고 있는 거예요.

진정한 친구를 만드는 법

친구를 사귀는 방법은 다양해요. 관심사가 같거나, 부모님들끼리 서로 알거나, 여행지에서 친구를 만들 수도 있어요. 하지만 다음과 같은 방법이 특히 효과적이에요.

**나에 대한
뜻밖의 사실 털어놓기.**

나에 대해서 몇 사람만 아는 (또는 아무도 모르는) 사실, 스스로 자신이 좀 특이하다고 생각되는 사실을 털어놓는 거예요. 예를 들면 어떤 선생님을 싫어한다는 사실, 수학 시간이 꽤 재미있다는 사실, 옆 반의 어떤 여자애를 질투한다는 사실 같은 거요.

자신에 대한 이야기를 하는 것부터 시작해 보세요. 친구가 다정하게 반응하면 더 얘기해 줘도 괜찮아요. 자신에 대한 정보를 친구에게 알려 주는 건 다음과 같은 말을 하는 것과 같아요.

**내 소중한 일부를
함께할 만큼 난 널 믿어.**

소중한 친구에게는 비밀을 털어놓을 수 있다고 믿기 때문에 나에 관한 특별한 사실을 다른 사람이 아닌 바로 그 친구에게 알려 주는 거예요.

이 친구는 여러분의 특별한 비밀을 멋진 선물처럼 느끼고, 마음 놓고 자신의 얘기를 들려줄 거예요. 개를 무서워한다거나, 물고기에 알레르기 반응이 있다거나, 눈꺼풀을 뒤집을 수 있다는 얘기처럼요. 이런 색다른 사실들은 우정을 단단히 붙이는 접착제 역할을 해요. 내 비밀, 또는 특이하거나 특별한 부분을 하나도 모르는 누군가와 멋진 친구가 되기란 어려운 일이에요. 그리고 친구가 내 비밀을 잘 간직해 주듯, 나도 친구의 비밀을 간직할 수 있어야 해요.

친구를 사귀려면, 우리는 늘 멋진 모습을 유지하고, 비밀에 싸여 있고, 강해야 한다고 생각해요. 어떤 경우에는 옳은 말이에요. 하지만 진정한 우정을 원한다면, 나만의 독특한 부분을 내가 믿는 친구와 함께 나누는 게 좋아요.

제7장

우리 몸

마음은 몸과 연결되어 있다

뇌는 생각과 감정이 시작되는 곳이에요. 그런데 뇌 역시 우리 몸의 일부이지요. 바꾸어 말하면, 우리 몸에서 일어나는 일이 생각과 감정에 영향을 끼친다는 뜻이에요.

아기를 지켜보면 이게 무슨 말인지 분명히 알 수 있어요. 한 살짜리 아기는 노란색 플라스틱 컵을 가지고 까르륵거리며 행복하게 놀다가도 갑자기 컵을 내던지고 울어요. 그러면 어른들은 "이런, 피곤한가 보구나. 낮잠을 재워야겠어."라거나, "배고픈가 보구나."라고 할 거예요. 몸에서 일어나는 일 때문에 아기의 기분이 변한 것이지요.

이런 일은 우리 삶에서 종종 나타나요. 햇빛이 부족하거나, 수면이 부족해서, 물을 충분히 마시지 않아서, 몸에 좋은 음식을 먹지 않았거나, 오랫동안 멍하니 있는 등 몸과 관련된 많은 일들이 우리 기분에 영향을 끼쳐요. 너무 덥거나 추워도 기분이 변하잖아요.

그런데 까다로운 문제가 있어요. 우리 뇌는 언제, 그리고 왜 기분이 나쁘게 변하는지 알려 주지 않아요. '나 점점 피곤해져서 우울해지려고 하니까 조심해. 비타민이 부족해서 2분쯤 뒤에 엄마한테 짜증 내기 시작할 것 같아.'라거나, '잠깐, 나 완전 탈진해서 공부할 수 없을 지경이야.' 또는 '조금 전부터 학교는 불공평하고 끔찍한 곳이라고 느껴져.'라는 신호를 보내 주지 않아요.

그저 심술 나고 성가셔할 뿐, 그런 기분을 느끼는 진짜 이유를 알기 어려워요. 여러분은 부모님이나 학교를 탓할 테지만, 기분이 나빠진 진짜 이유는 몸에 문제가 생겼기 때문이지 엄마나 학교와는 아무런 상관이 없어요.

몸을 건강하게 유지해야 한다는 말을 많이 들어 봤을 거예요. 여기서 알아 둬야 할 점은, 우리 몸은 마음과 얼마나 잘 어울려 노는지 알려줄 만큼 친절하지 않다는 거예요. 다음에 부모님이든 친구든 꼴도 보기 싫고 키우는 강아지도 버릇없게 느껴진다면, 자신에게 간단한 질문을 던져 보세요.

어젯밤에 푹 잤나?

오늘 물을 충분히 마셨나?

아이패드를 너무 오래 보지 않았나?

초콜릿을 너무 많이 먹지 않았나?

채소 위주로 좋은 음식을 충분히 먹고, 잘 자고, 매일 운동하는 걸 잊지 말라고 잔소리하며 여러분을 못살게 굴려는 게 아니에요. 운동, 과일, 채소를 싫어할 수도 있어요. 그래도 어쩔 수 없어요. 여러분의 마음을 아끼고 사랑한다면, 잠시라도 시간을 내서 여러분의 몸을 보살펴 주세요.

내 모습이 마음에 안 든다면

거울을 볼 때마다 팔뚝 살이 축 처져서 걱정이거나 턱 모양이 좀 더 갸름해지면 좋겠다는 생각이 드나요? 머리 모양이 이상하다거나 발이 커서 사람들이 비웃을지 모른다고 걱정하며 거울 앞에서 시간을 보내고 있을지도 모르겠네요. 다들 이게 어떤 기분인지 알죠?

이런 기분을 느끼는 건 정상이에요. 누구나 이런 걱정을 해요. 이런 걱정을 전혀 안 하고 살 것 같은 사람들도 알고 보면 자신의 외모 콤플렉스 때문에 괴로워해요. 많은 사람이 아래 사진 속 배우를 세상에서 가장 아름다운 사람으로 손꼽아요. 하지만 이 배우는 자

전 세계 사람들이 매릴린 먼로를 아름답다고 생각했지만, 정작 그녀는 그렇게 생각하지 않았어요.

신을 그렇게 여기지 않았어요. 허구한 날 코가 이상하게 생겼다며 걱정했지요.

이제 색다른 질문을 해 볼게요. 왜 우리는 외모 걱정을 할까요? 아마 사람들이 외모를 보고 자신을 판단할 거라고 생각해서일 거예요. 사람들이 내 머리카락 색이나 다리 모양이나 이마에 여드름이 있는지 없는지에 집중할 거라고요.

우리 사회는 외모 얘기를 참 많이 하니까, 그렇게 생각하는 것도 당연해요. 광고는 잘생긴 사람들의 사진을 보여 주면서 가장 중요한 건 외모라는 메시지를 은근히 내비쳐요. 우리는 외모 때문에 자기 자신에게 금방 싫증을 내기도 하지요.

이 문제를 해결하는 한 가지 방법은, 외모를 바꾸는 거예요. 어떤 사람들은 납작한 복근을 만들거나 어깨를 키우려고 특별한 운동을 해요. 어떤 사람은 의사를 찾아가 입이나 코 모양을 바꿔 달라고 하지요. 하지만 더 괜찮은 방법이 있어요. 아래와 같이 마음을 바꾸는 거예요.

내 몸은 내가 아니다.

옛날에는 '영혼'에 대해 말하곤 했어요. 여기서 영혼은 성격, 생각, 감정을 뜻해요. 옛날 사람들은 영혼과 몸을 구분지어 생각했어요. 특히 영혼을 훨씬 더 중요하게 여겼지요.

코가 좀 웃기게 생겼어도
영혼은 훌륭할 수 있다는 사실을
보여 줘요.

도메니코 기를란다요,
〈노인과 손자〉, 1490년경

이 사람은 얼굴이 평범하지만
굉장히 친절했대요.

렘브란트 판 레인,
〈헨드리키에 스토펠스〉, 1650년대 중반

몸은 특별하지 않아도 영혼은 흥미로울 수 있고, 몸은 사랑스러워도 영혼은 별로일 수 있다고 생각했어요. 옛사람들은 이런 생각을 그림에 담았어요.

이런 그림들이 전하는 메시지는 다음과 같아요. '몸 또는 얼굴이 어떻게 생겼는지보다 영혼이 더 중요하다.' '나는 내 몸이 아니라 내 영혼이다.'

이 그림들은 오래전 작품이지만, 여전히 중요한 내용을 전해 줘요. 훌륭한 몇몇 사람만이 위대한 영혼을 가질 수 있다는 사실, 그리고 그런 사람이 바로 여러분일 수 있다는 사실 말이에요.

내 몸은 변하는 중

알고 지내던 초등학교 고학년 정도의 어린이가 있나요? 사촌동생은요? 그 아이들은 조금씩 변하고 있어요. 다리가 털로 뒤덮이거나 목소리가 달라져요. 얼굴에 뾰루지가 생길지도 모르고, 갑자기 키가 커지기도 해요.

이런 일은 다양한 시기에 일어나지만, 주로 10~16세 사이에 생겨요. 꽤 걱정스러울 수도 있어요. 자신의 몸이 변하지 않기를 바랄 수도 있고요. 어쩌면 벌써 변하기 시작했을지도 모르겠네요. 남몰래 이런 걱정을 할지도 몰라요. '몸이 변하면 나도 다른 사람으로 변해야 할까? 내가 나답지 않게 되면 어떡하지?'

여러분의 몸은 계속 조금씩 변하고 있어요. 누구나 그래요. 몇 년 전에는 지금과 몸집이 달랐을 거예요. 머리카락 색도 살짝 다르고, 영구치가 나기를 기다리는 중이라 앞니도 빠진 채였을 거예요. 얼굴도 조금 변했지요. 그래서 여러분은 다른 사람이 되었나요?

여러분은 더욱 여러분답게 되었어요. 여러분이 몇 년 전의 자신이 되지 않기로 결심해서 지금의 모습이 된 게 아니라, 그때의 자신에 덧붙여지고 확장되고 발전해서 지금의 모습이 된 거예요.

어떤 사람이 한 살 전부터 여든 살, 심지어 백 살까지 해마다 같은 날에 사진을 찍었다고 상상해 봅시다. 1년마다 조금씩 변한 모습을 볼 수 있을 거예요. 5년이나 10년 간격으로 보면 꽤 큰 변화가 느껴질 거예요. 20년이 넘으면 훨씬 더 엄청난 차이가 보일 테고요.

최근 몇 년과 앞으로 몇 년 동안 벌어질 일은 이상한 게 아니에요. 지금까지 일어났던 일과 똑같아요. 중요한 건, 여러분 자체는 그대로라는 점이에요. 몸이 어떠하든지, 몸이 담고 있는 영혼은 쭉 이어질 거예요. 여러분이 타고 가는 차를 바꾸어도 탑승자는 그대로인 것처럼요.

성별은 '나'를 말해 주지 않는다

세상에는 수십억 명의 사람들이 있어요. 그런데 이 많은 사람이 남자와 여자, 이렇게 딱 두 부류로만 나뉜다고 생각하면 좀 이상하

지 않나요?

 우리는 두 부류 중 어디에 속하는지를 중요하게 생각해요. 그런데 아무리 생각해도 이상해요. 세상에 수십억 명의 다양한 사람들이 있는데 이들을 딱 두 부류로만 나눠야 한다니 말이에요. 여성으로서, 또는 남성으로서 사는 방식은 굉장히 다양해요. 그래서 여성이냐 남성이냐 하는 설명만으로는 그 사람에 관해 많은 것을 알 수 없어요. 따라서 다음과 같은 중요한 결론에 다다라요.

> **성별은 내가 어떤 사람인지
> 알려 주지 않는다.**

 수세기에 걸쳐 여러 나라에서 '여자아이 또는 남자아이는 이래야 한다.'는 생각은 많이 바뀌어 왔어요. 여러분이 1630년 무렵 영국에 사는 부유한 집의 남자아이였다면, 머리카락을 기르고 굽이 있는 신발을 신고 레이스가 치렁치렁 달린 옷을 입고 챙이 넓은 모자를 썼을 거예요. 그리고 인사하거나 손을 흔들 때 손놀림을 우아하게 하는 방법을 배웠을 거예요. 그렇게 하지 않으면, 부모님은 잔소리를 하고 다른 사람들은 뒤에서 흉을 봤을 거예요.

 훨씬 더 옛날로 돌아가 기원전 400년 무렵 그리스 아테네에서 여자아이로 태어나 살고 있다면 시인이나 정치인이나 예술가가 되는 대신, 요리하는 법이나 옷감 짜는 법을 배웠을 거예요. 그 시대에는 설령 재능이 있더라도 여자아이는 직업을 가질 수 없었으니

까요. 남자아이라면, 당연히 법과 군대에 대해 배우고 바느질이나 찬장 정리 같은 일은 하고 싶어도 용납되지 않았을 테고요.

옛날 사회에서는 여자 또는 남자라면 어때야 하고 무엇을 하고 싶어 해야 하는지 규율로 엄격히 정해져 있었어요. 아마 자신이 좋아하고 잘하는 일을 할 수 없는 사람들이 많았을 거예요. 오늘날에는 그런 엄격한 규율은 없지만, 평균적으로 으레 그럴 것이라고 기대하는 점들이 있어요.

여자아이는 꽃을 좋아하지만, 남자아이는 꽃에 관심이 없다.

여자아이는 패션에 신경을 많이 쓰지만, 남자아이는 패션에 신경 쓰지 않는다.

남자아이는 경주용 자동차에 관심이 많지만, 여자아이는 자동차 색깔에만 관심이 있다.

남자아이는 공으로 하는 스포츠라면 무조건 좋아하고, 여자아이는 게임을 싫어한다.

이건 중요한 질문이니 좀 더 논리적으로 따져 볼까요? '평균적'이라는 게 무엇인지 진지하게 생각해 봅시다. '여자아이는 자동차를 좋아할까?'라는 질문의 답을 어떻게 알아낼까요? 모든 여자아이들에게 물어봐야 할 거예요. 대답을 모아 보기 쉽게 만들면 다음과 같을 거예요.

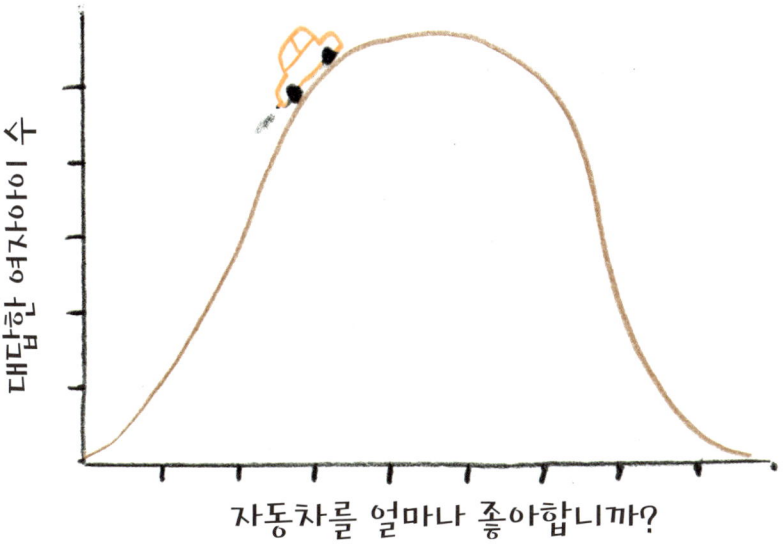

여러분이 예상한 대로예요. 나올 수 있는 답변의 범위는 넓게 퍼져 있어요. 어떤 여자아이는 자동차를 정말 싫어하고, 일부는 정말 좋아하고, 대부분은 중간쯤에 속할 거예요. 남자아이들에게 물어봐도 분포도는 비슷한 모양일 거예요. '매우 관심 있다.'고 대답한 수가 살짝 더 많을 수도 있지요.

여기서 놀라운 사실을 알 수 있어요. 중간쯤 좋아한다고 대답한 아이들의 수가 가장 많음에도 불구하고, 어떤 여자아이는 자동차를 무척 좋아하고 어떤 남자아이는 전혀 좋아하지 않는다는 거예요. 이처럼 남자아이 또는 여자아이가 보통 무엇을 하거나 좋아한다는 사실은 내가 무엇을 하거나 좋아해야 한다는 길잡이가 될 수 없어요. 여러분이 누구인지 알려면 여자아이인지 남자아이인지 따지는 것은 하나도 중요하지 않아요. 나를 나로 만들어 주는 수많은 기준에 여자인지 남자인지는 없어요. 자신이 누구인지를 파악하는 데 도움이 되는 질문은 아래와 같아요.

다음 질문에 여러분이 한 대답이야말로, 여러분이 누구인가를 말하는 데 중요한 요소예요. 그 어떤 대답도 성별과는 상관없어요. 어떤 사람에 대해 여자아이인지 남자아이인지만 안다면, 그건 그 사람에 대해 전혀 모르는 것이나 마찬가지예요. 그래서 삶은 훨씬 더 흥미롭고 자유로울 수 있는 거랍니다!

휴일에는 어디에 가고 싶은가?
바닷가? 도시?

언제 웃음이 나는가?

더 배우고 싶은 것은?

가장 좋아하는 음식은?

언제 눈물이 나는가?

남을 가르치는 게 좋은가,
배우는 게 좋은가?

어떤 이야기를 좋아하는가?

도시와 시골 중
어디에 살고 싶은가?

제8장

오해받는 기분

내 마음을 설명하는 선생님 되기

내가 전하고 싶은 뜻을 상대방에게 이해시키란 참 어려워요. 어떤 일이 일어났을 때, 상대방에게 그 일을 말로 전해서 상대방이 내 말을 이해하고 나와 똑같은 생각을 하게 된다면 얼마나 좋을까요? 하지만 그런 일은 좀처럼 일어나지 않아요. 상대방이 내 말을 온전히 이해하는 행운은 잘 일어나지 않아요. 아무리 말해도 잘 전달되지 않는 듯해요. 상대방 머릿속에서 나온 말풍선은 내 말풍선과 전

혀 다른 것 같아요.

  이런 경우, 우리는 다양한 방식으로 반응할 수 있어요. 화를 내거나, 짜증을 내고, 상대방이 너무 멍청해서 이해를 못 한다고 생각할 수 있어요. 마음만 먹으면 이해할 수도 있을 텐데, 상대방이 너무 못돼서 그렇다고 기분이 나빠질 수도 있고요. 또는 아예 설명하기를 포기하고, 내 말에 관심을 가질 다른 사람을 찾을 수도 있겠지요. 그런데 진짜 문제는 내 머릿속에 든 생각을 다른 사람에게 안전하고 확실하게 전달하는 길을 찾기가 어렵다는 거예요.

  전화로 상대방에게 아래의 찻주전자 모양을 설명해야 한다고 상상해 보세요. 상대방은 이 그림을 볼 수 없어요. "찻주전자가 굉장히 예쁘고, 우아한 손잡이가 달렸고, 꽃무늬가 사랑스럽고 세심하게 그려져 있어. 주둥이는 꽤 길고 위를 향해 있어."라고 설명할 수 있겠지요.

상대방은 여러분의 설명만 듣고 그림을 그려야 해요. 상대방이 심혈을 기울여 그린 뒤 보낸 그림을 보면, 찻주전자는 이렇게 생겼을지도 몰라요.

여러분이 설명한 찻주전자와 많이 다른 모습이네요. 하지만 이건 여러분 잘못도, 상대방 잘못도 아니에요. 그냥 설명하기가 까다로웠을 뿐이에요.

이런 식의 어려움은 살다 보면 꽤 자주 일어나요. 자신이 무엇을 생각하고 느끼는지 잘 알지만 말로는 설명하기 힘들어요. 그래서 여러분이 머릿속으로 한 생각을 상대방은 다르게 받아들일 수 있어요. 이건 그 누구의 잘못도 아니에요. 그저 종종 일어나는 일일 뿐이에요!

하지만 내 생각을 잘 전달하는 법은 누구나 배울 수 있어요. 이 기술에는 특별한 이름이 있어요. 바로 '가르치기'예요. 잘 생각해 보면, 선생님이 하는 일이지요. 선생님은 자신이 알고 있는 지식과 정보를 학생들도 알기를 원해요. 선생님은 화산이 어떻게 폭발하는지, 빗방울이 어떻게 바다를 이루는지, 일본과 멕시코는 시간대가 왜 다른지 알고 있어요. 자신의 머릿속에 있는 것을 여러분의 머릿속에 전달하는 것이 바로 선생님이 하는 일이에요.

훌륭한 선생님은 다음과 같은 일을 해요.

시간을 들여서 학생이 모르는 것을 설명한다.

쉬운 부분을 먼저 가르친 다음에 어려운 부분으로 넘어간다.

학생이 이해하지 못하면 그냥 건너뛰지 않는다.

학생이 이해할 때까지 참을성 있게 설명을 되풀이한다.

학생이 이해하면서 잘 따라오는지 확인한다.

설명하는 노력이 얼마나 가치 있는지 알고 있다.

이제, 자신이 선생님이라고 상상해 봅시다. 화산이 폭발하는 과정 대신, 나의 생각과 느낌이 어떤지 상대방에게 알려 주려는 선생님 말이에요.

다음과 같은 장면을 머릿속에 그려 보세요. 여러분이 친구 샐리에게 아빠와 자전거 탄 얘기를 하고 있어요. 여러분의 머릿속에는 자전거를 타면서 즐거웠던 순간이 그려지고 있지만, 그 부분은 아직 샐리한테 말로 전달하지 않았어요. 마침 그때 샐리가 여러분이 타는 자전거가 어떤 종류냐고 물어서 초록색이라는 대답이 툭 튀어나왔어요. 샐리가 "초록색은 자전거 종류가 아니지."라고 말했어요. 샐리 말투가 '초록색을 자전거 종류라고 생각하다니, 바보 아냐?'라고 말하는 것처럼 느껴졌어요. 물론, 여러분도 초록색이 자전거 종류를 가리키는 말이 아니라는 걸 알고 있어요. 하지만 그때의 행복했던 장면을 떠올리고 있는데, 샐리가 자전거에 대해 물어보는 바람에 엉겁결에 초록색이라고 대답한 거예요. 이제 여러분은 꽤 친하다고 생각한 샐리가 자신을 바보로 만든 것 같아서 슬퍼졌어요. 사람들은 왜 이러는 걸까요?

이 사실을 엄마한테 말한다고 가정해 봅시다. 대화가 어떻게 흐를까요?

오늘 학교는 어땠어?

샐리가 나한테 나쁘게 굴었어.

걱정하지 마. 진심으로 그런 건 아닐 거야.

엄만 잘 알지도 못하면서!

여러분은 엄마가 여러분의 기분에 별로 신경 쓰지 않는 것처럼 느껴져요. 하지만 여러분이 한 말을 살펴보면, 그리 놀랄 만한 일은 아니에요. 여러분의 말만 들어서는 어떤 일이 일어났고, 왜 여러분의 마음이 상했는지 엄마의 머릿속에 적절한 그림이 펼쳐지지 않기 때문이에요.

이번에는 '가르치기' 기술을 사용한 대화 방식을 살펴볼까요? 이제 엄마는 무엇이 여러분의 마음을 괴롭히는지 이해하고 공감할 수 있어요. 엄마가 변한 게 아니에요. 어떤 일이 일어났고 그 일이 왜 중요하며 어떤 부분에서 상처를 받았는지 엄마에게 알려 준, 여러분의 대화 방식이 달라졌을 뿐이에요.

누군가가 여러분을 제대로 이해하지 못한다는 기분이 든다면, 그들이 여러분에게 관심이 없거나 여러분을 이해하기 싫어해서가 아닐지도 몰라요. 어떤 점이 중요한지 설명하기 까다로운 데다가, 여러분이 머릿속에서 벌어지는 것을 솜씨 좋게 펼쳐 보이지 못해서 그럴 가능성이 높아요.

하지만 이런 기술은 누구나 배울 수 있어요. 수영하는 법이나 자전거 타는 법처럼, 조금 까다로운 기술 하나만 익히면 돼요. 바로 훌륭한 선생님이 되는 법을 배우는 거죠. 학교에서 지루하고 어려운 과목들을 가르치는 선생님이 아니라, 그보다 훨씬 더 중요한 걸 가르치는 선생님, 바로 내가 어떤 사람인지 들여다볼 수 있게 도와주는 선생님 말이에요.

엄마, 샐리 기억해?

그런 것 같다만….

샐리는 우리 반 친구인데,
오늘 쉬는 시간에 걔랑 얘기했거든.

아, 그래. 기억난다.

오늘 샐리한테 자전거 탄 얘기를 했는데,
내가 일요일에 아빠랑 자전거 타러 가서
얼마나 좋았는지 엄마도 알잖아.

그랬지, 아빠랑
진짜 좋은 시간 보냈지!

아빠랑 자전거 타고 왔다고 샐리한테
말했거든. 그랬더니 샐리가 뭐랬는지 알아?

뭐랬는데?

재미있었냐고는 묻지 않고,
그냥 자전거가 종류가
어떤 거냐고 묻잖아.

으음.

엄마는 이해돼?

글쎄,
잘 모르겠네.

나는 아빠랑 자전거 탄 거에 대해서 샐리가
물어봐 주길 바랐는데, 그냥 내 자전거가
어떤 종류냐고만 묻잖아.

그래서
뭐라고 했어?

그래서 초록색이라고 했지.
마침 초록색 자전거를 타고 아빠랑 즐거웠던
시간을 생각하고 있었거든.

아, 그랬구나.

그랬더니 샐리가
"초록색은 자전거 종류가 아니지, 이 바보야!"
이러는 거야! 나한테 못되게 군 거 아냐?

어머, 저런! 화가 났겠네.

제9장

화

기대가 화를 부른다

화내는 건 절대 좋은 생각이 아니에요. 마구 화를 내는 어린이를 보면 마음이 좋지 않아요. 자신을 주체하지 못하고 고래고래 소리 지르며 화내는 어른도 보기 힘든 건 마찬가지예요. 모두가 그렇듯, 여러분도 가끔 화를 냈을 거예요. 이제 와서 죄책감을 가질 필요는 없어요. 앞으로 더욱 차분해질 방법을 배우면 돼요.

화가 나는 것은 비가 오거나 번개가 치듯 그냥 벌어지는 일이고 멈출 수 없는 자연 현상 같은 거라고 생각하나요? 하지만 놀랍게도 화는 어쩔 수 없는 신체 반응이 아니에요. 화는 어떤 생각 때문에 생긴 결과예요. 생각을 조금만 바꾸면 화를 훨씬 덜 낼 수 있어요.

화를 내게 되는 근본 원인을 찾기 위해서는 슬픔과 화의 차이부터 알아야 해요. 둘 다 좋은 감정은 아니에요. 두 감정 모두 부정적인 상태이지만, 어떤 면에서는 슬픔이 화보다 낫다고 할 수 있어요. 화가 나면 소리치고, 물건을 부수고, 사람들에게 멍청이라고 소리칠지도 몰라요. 슬플 때는 한숨을 쉬고, 침대에 누워 있고, 창문에 머리를 기대고 쉬면서 구름을 볼 거예요. 슬픔을 달랠 가장 좋은 방법은 부모님이나 형제자매, 가까운 친구에게 왜 슬픈지 말하는 거예요. 즉, 화난 사람보다는 슬퍼하는 사람의 기분을 나아지게 하는 게 더 쉬워요. 다음 질문에 여러분의 이야기를 써 보세요.

한 가지 눈여겨볼 것은, 화나는 일과 슬픈 일은 상황이 얼마나 심각한지와는 관련이 없다는 거예요. 할머니가 돌아가셔서 슬픈 와중

나를 화나게 하는 것들	나를 슬프게 하는 것들

에도 연필을 찾지 못해서 화날 수 있어요. 앞으로 바이올린을 제대로 배우지 못할 것 같아 슬프면서도 동생이 오렌지 주스를 마시고 뚜껑을 닫지 않아서 화가 날 수 있어요.

   화와 슬픔은 모두 좌절과 이루지 못한 희망에서 시작돼요. 다만, 좌절이 예상될 때 우리는 슬프고, 예상치 못한 좌절로 놀라면 화가 나지요.

좌절 + 놀람 = 화	좌절 + 예상 = 슬픔

   예를 들어, 날이 좋을 줄 알고 이번 주말에 여행 떠날 계획을 세웠는데 계속 비가 온다면 어떤 반응을 보일지 생각해 보세요. 분명 슬프겠지만 그렇다고 해서 가구를 발로 차진 않을 거예요.
   하지만 여러분이 비행기를 타고 착륙하기만을 기다리고 있는데, 조종사가 다섯 시간 정도 지연될 거라는 안내방송을 했다고 상상

해 봅시다. 아주 화가 나겠죠? 비는 언제고 올 수 있다고 생각하지만, 비행기가 연착할 거라고는 생각지도 못했기 때문이에요. 우리는 어느 정도 예상한 일에는 침착할 수 있지만, 갑자기 생긴 일에는 화가 날 수 있어요. 그렇다면 좀 더 다양한 상황을 예상해 보고 조금 덜 놀라면 조금 더 행복한 삶을 살 수 있지 않을까요?

자주 화를 내는 사람은 자기도 모르게 높은 기대를 갖고 있어요. 모순적으로 들리겠지만, 화를 내는 사람들은 낙관적인 편이에요. 화를 자주 내는 사람은 굉장히 어두워 보이기 때문에 그게 무슨 말도 안 되는 소리냐 싶겠지만, 그들의 마음 깊은 곳에는 여전히 낙관적인 부분이 있어요. 그들은 좌절할 수도 있다는 가정을 거부해요. 모든 일이 계획대로 이루어질 거라고 생각하죠. 기차는 제시간에 맞춰 올 것이고, 동생은 나를 귀찮게 굴지 않을 것이고, 피자는 제시간에 딱 맞춰 배달될 것이며, 도로는 막힐 리 없을 거라고 생각해요.

그렇다면, 화를 줄일 수 있는 중요한 방법은 바로 이거예요. 우리는 나쁜 일이 일어날 수도 있다고 예상해야 해요. '나를 화나게 하는 것'에 적은 항목이 '나를 슬프게 하는 것'을 적은 칸으로 더 많이 옮겨 가도록 해야 해요.

우리는 예측 가능한 좌절 때문에 조금 우울해하는 기술을 배울 필요가 있어요. 그래요. 계획은 바뀔 수 있고, 사람들은 가끔 실망시킬 수 있고, 비행기는 연착할 수 있고, 배달된 피자는 차갑게 식어 있을 수 있어요. 다 좋은 일은 아니지만 충분히 일어날 수도 있는 일이라는 걸 예상하고, 충격 받지 않겠다는 목표를 세워야 해요.

'비관주의'라는 말은 대부분 불운한 일이 일어날 거라고 예상하는 것을 뜻해요. 흔히 비관주의를 행복의 적으로 여기죠. 사람들은 어두운 생각을 의심해요. 어두운 생각이 불운을 가져온다고 믿으면서요. 하지만 합당한 범위 내에서 실망할 일이 벌어질 수도 있다는 사실을 알면 나에게 도움이 돼요. 삼촌이 내가 바라던 생일 선물을 제대로 맞히지 못할 수도 있고, 친구가 나를 버리고 다른 무리에 들어갈 수도 있고, 시험을 못 볼 수도 있어요. 모두 달갑지 않은 일이

고, 바로잡으려면 오랫동안 애를 써야 할 거예요. 그런데 그런 일들이 일어났을 때 무섭게 화를 내는 대신 다른 선택을 할 수도 있다는 것을 생각해 보자는 거예요.

한동안 슬플 수도 있어요. 하지만 곧바로 뭔가 재미난 일을 하면서 스스로 기운을 북돋우면 돼요. 머리 위에 책을 가득 올려놓고 균형을 잡아 본다든지, 양말을 신고 매끈한 바닥을 쭉 미끄러진다든지 하면서요. 혹시 진짜 화가 났다면, 믿을 수 있는 사람에게 무엇이 자신을 괴롭히는지 털어놓아요. 화가 나서 목이 터지도록 소리 지르거나 다른 사람이나 물건에 화풀이하기보다는 달갑지 않은 생각을 친구나 가족에게 이야기하는 편이 훨씬 더 나아요.

제10장

불안

결국 이겨 낼 거야

불안은 일이 좋지 않게 될까 봐 걱정하는 감정이에요. 불안을 느끼는 건 정상이에요. 우리 몸은 성난 맹수 같은 위협으로부터 스스로를 보호하기 위해 작은 일에도 불안을 느끼도록 발달해 왔어요. 그래서 두려움을 느끼면 손바닥에 땀이 나고, 심장이 빠르게 뛰고, 가슴이 철렁 내려앉는 신체적 반응이 나타나요. 우리가 위협에 맞서 싸우거나 도망칠 준비를 하도록 돕는 옛날식 반응이지요. 이런 반응을 느낄 때마다 우리 몸에게 고마워져요. 몸이 할 수 있는 최선의 방법으로 우리를 돌보는 거니까요.

그런데 오늘날 우리가 마주하는 위협은 옛날과는 많이 달라졌어요. 여러분은 학교 과제나 파티, 여행이나 새로운 곳에 대해 불안을 느낄 거예요. 우리가 불안해하면, 사람들은 "걱정하지 마. 다 잘 될 거야."라고 말하곤 해요. 다정한 말이지만, 별로 큰 도움은 되지 않아요.

불안에 대처하는 다른 방법이 있어요. 자신에게 이렇게 말해 보는 거예요.

**어떤 일이 생겨도
결국 이겨 낼 것이다.**

그래요. 시험을 망쳤을지 몰라요. 하지만 결국 이겨 낼 거예요.

친구 생일 파티에서 소외감을 느낄지 모르지만, 결국 이겨 낼 거예요. 수학여행을 가서 불편할 수도 있지만, 결국 이겨 낼 거예요.

모든 일에는 끝이 있기 마련이고 결국 이겨 낼 수 있다고 자신을 일깨우는 사고방식을 '회복 탄력성'이라고 해요. 회복 탄력성은 나쁜 일에서 다시 튕겨 나오는 회복 능력을 뜻해요.

회복 탄력성이 있는 사람들은 인간은 수없이 많이 타격을 받는 존재라는 걸 알아요. 그 사실을 알면서도 계속 나아가지요. 지금은 자신이 산산이 부서진 유리처럼 약한 존재라고 느껴질 수도 있지만, 사실은 그렇지 않아요. 우리는 꽤 강인한 생명체로, 길고 긴 역사를 쭉 헤쳐 왔어요.

견고한 배는 거친 바다를 헤쳐 갈 수 있어요. 인간이 이 거친 시대를 헤쳐 왔듯이 말이에요.

뤼돌프 바크흐젠, 〈폭풍우 속 군함〉, 1695년경

17세기 네덜란드에서는 사나운 폭풍우를 만난 배를 그리는 게 유행이었어요. 집이나 학교, 일터에 걸려 있는 이런 작품들은 그저 흥미로운 볼거리만은 아니었어요. 사람들은 이런 그림에서 회복 탄력성이라는 교훈을 배웠어요. 이런 그림은 배가 끔찍한 곤경에 처해 가라앉는 장면을 그린 게 아니에요. 폭풍우를 뚫고 나아가는 과정을 담았지요.

앞장의 그림은 네덜란드 화가인 뤼돌프 바크흐젠이 1695년에 그린 〈폭풍우 속 군함〉이라는 그림이에요. 그림 속 상황은 정말 험악해 보여요. 금세 배가 가라앉을 것 같지만, 그러지 않을 거예요. 네덜란드 배는 심한 폭풍우도 헤쳐 갈 수 있도록 세심히 만들어졌거든요. 네덜란드 배는 날렵하고, 선체가 튼튼하고, 짧고 강인한 돛대를 갖췄어요. 선원들은 비상 사태에 대비해 수많은 훈련을 했고, 어마어마한 파도 위에서 안정적으로 배를 모는 방법도 알고 있었지요. 몇 시간 뒤에 이 배들은 항구에 무사히 다다랐을 거예요.

이것은 바로 여러분의 이야기이기도 해요. 여러분도 17세기 네덜란드 배와 비슷해요. 여러분은 연약해 보이고 때로는 커다란 파도가 여기저기 도사리고 있을 테지만, 여러분은 어려운 문제들을 헤치고 완벽하게 배를 몰고 지나갈 거예요. 여러분이 헤쳐 나가야 할 문제가 너무 많지 않기를 바라지만, 그래도 어쩔 수 없다면 여러분은 해낼 수 있어요. 이 배가 그랬듯이 여러분도 그럴 거예요.

많은 불안감은 다음과 같은 공식을 가지고 있어요. 불안은 다음과 같이 A와 B의 조합으로 나타낼 수 있어요. 사람들은 대부분 불

A	B
만약 X가 일어난다면…	난 끝이야.

안한 사람을 위로할 때, A에 집중해요. 그래서 일어날까 봐 두려운 X가 일어나지 않을 거라고 말해 주지요. 친절한 마음에서 우러나온 말이고 때로는 효과가 있기도 하지만, 사실 큰 도움은 되지 않아요. 결국에는 우리를 더 불안하게 만들 뿐이지요. 그래도 만약 진짜 X가 일어나면 어떡해요?

이런 이유로 B에 초점을 맞추는 게 더 나아요. 끝장날 듯한 기분에 집중해서 그 감정을 머릿속에서 몰아내는 거예요. 시험을 앞두고 있거나 혼자 낯선 곳에 가야 해서 불안해질 때마다 '그럼 나는 끝이야!'라는 생각을 똑바로 마주하며 어떻게든 이겨 낼 수 있다고 마음을 다잡아야 해요. 물론 꽤 힘들 거예요. '이겨 낸다'는 것은 눈물을 한 바가지 흘리는 것을 의미하기도 해요. 회복 탄력성을 높이는 것은 인생을 살아갈 준비를 하는 데 꼭 필요해요.

여러분은 자신이 생각하는 것보다 훨씬 더 강한 사람이에요. 계획한 많은 일이 틀어질 수 있지만, 그래도 여러분은 괜찮을 거예요. 확신을 갖는 한 가지 방법은 불안해하는 일에 대해 곰곰이 생각해 보는 거예요. 우리는 우리를 불안하게 하는 일에 관해 충분히 생각하지 않는 실수를 자주 범해요. 나를 불안하게 만드는 문제를 걱정하고 그 불안이 사라지기를 바라면서도, 그 불안이 무엇인지는 제대로 들여다보지 않아요. 고통에서 벗어나기 위해서는 골칫거리를 똑바로 마주 봐야 해요. 다음과 같은 질문을 해 봅시다.

**일어날 수 있는
가장 최악의 일은?**

종종 최악의 일이 일어나기도 하지만, 그래도 괜찮아요. 불안이 우리 마음속 한구석에서 자라도록 놔둬서는 안 돼요. 불안을 환한 곳으로 끄집어내서 그게 무엇인지 파악해야 해요. 회복 탄력성과 폭풍우를 뚫고 나아가는 배에 대해 좀 아는 친구가 있다면, 그 친구와 함께 불안에 대해 이야기를 나누면 도움이 될 거예요.

제11장

자신감

'내면의 바보'와 친구되기

누구나 자신감이 없어질 때가 있어요. 새로운 학교로 전학 가거나, 교실 앞에 나가 발표를 해야 하거나, 처음으로 친구 집에 놀러 갈 때도 자신감이 수그러들어요.

이런 순간, 자신감을 불어넣기 위해 흔히 이런 방법을 써요. "너는 똑똑해. 너는 사랑스러운 사람이야. 너는 훌륭해. 너는 무조건 잘할 거야!" 이런 말들을 자신에게 해 주는 거예요. 멋진 말이긴 하지만, 자신감을 북돋기에 가장 좋은 방법은 아니에요. 하필 이번에 일을 망치면 어떡해요!

가장 좋은 방법은 좀 바보 같은 말을 해 주는 거예요. 한번 해 보세요. 진짜 효과가 있다니까요. "너는 멋진 애야. 너는 잘할 거야."라는 말 대신에 "네가 좀 바보 같긴 하지. 하지만 걱정하지 마. 다들 똑같아. 누구나 바보인 건 마찬가지니까. 걱정하지 마. 좀 잘나간다 하는 사람들도 죄다 좀 바보 같은 구석이 있다니까. 얼마든지 괜찮다고." 이렇게 말해 보는 거예요. 이런 말이 예의 없는 건 아니에요. 큰 도전을 앞두고 용기를 내기에 꽤 괜찮은 방법이에요.

자신감을 잃는 상황을 생각해 볼까요? 여러분이 학교 콘서트에서 우쿨렐레를 단독 연주해 달라는 요청을 받았거나, 노래해 달라는 요청을 받았어요. 여러분은 엄청나게 많은 사람이 자신을 쳐다보는 상황이 싫어요. 무대에 올라가서 악보를 까먹을까 봐 걱정되기도 해요.

또는 어떤 중요한 손님에게 학교를 안내해 달라는 요청을 받았어요. 그런데 설명을 똑 부러지게 못 해서 그 손님이 학교가 별로라고 생각하면 어떡하지요? 여러분이 새 학교로 전학 가서 축구부에 들어간 상황을 상상해 볼까요? 축구부 아이들은 이미 다들 친하게 지내고 있어요. 아이들 틈에 껴서 이야기를 나눌 자신이 없어요.

자신감이 바닥을 치는 순간, 우리는 기대와 공포라는 두 가지 상반된 감정을 마주해요. 다른 사람에게 진지한 사람으로 보이기를 기대하는 한편, 바보처럼 보일까 봐 두려워하는 것처럼요. 정리하면 다음과 같아요.

내가 보이고 싶은 모습	내가 두려워하는 내 모습
능력 있는 모습	꼴사나운 모습
경험 많은 모습	자신감 없는 모습
어른 같은 모습	연약한 모습
자립적인 모습	괴짜 같은 모습
우아한 모습	기이한 모습
침착한 모습	찌질한 모습

우리에게 자신감을 심어 주고 싶은 사람들은 보통 쭈뼛거리는 마음을 다잡아서 다른 사람에게 보여 주고 싶은 모습이 드러나게 하라고 조언해요. 우리가 진지하고, 우아하고, 침착한 사람이라고 계속 말해 주면서 마음을 안심시키려고 노력하죠. 이런 친절한 사

람들은 우리가 바보가 아니라고 말해 줘요. 다들 친절한 마음으로 한 말이지만, 효과는…… 없어요.

좀 다르게 접근해 볼까요? 우리 모두 대단하고 훌륭하다는 말보다 차라리 너 나 할 것 없이 우린 모두 바보라고 생각하며 마음을 편히 먹어 보는 건 어떨까요? 여러분도, 학교에 있는 친구와 선생님도, 길거리를 다니는 사람들도, 텔레비전에 나오는 정치인들까지도, 사실 지구상에 있는 모든 사람이 다 바보라고요.

맞아요. 우리는 모두 멍청이예요. 우리는 바보 같은 생각을 하고, 잘 까먹고, 별난 습관이 있고, 뿡뿡 방귀를 뀌고, 종종 우스꽝스러운 행동을 하고, 괴상한 생각을 하고, 이상한 꿈을 꿔요. 한마디로 다음과 같아요.

**사람은 누구나 다
바보 같다.**

신기하게도 이런 생각은 자신감을 가지게 도와줘요. 누구나 살면서 한두 번쯤 바보가 되는 일이 있으니, 우리도 바보처럼 보일 수 있다는 걸 인정하고 나면 두려운 일도 시도해 볼 마음이 생길 거예요. 분별 있고 진지하게 보이려는 데만 너무 집중하면 기획사 오디션도 볼 수 없고, 특이한 그림도 그릴 수 없고, 외국어를 배워 볼 엄두도 안 날 거예요.

우리는 내심 바보가 되는 길을 피할 수 있을 거라고 생각해요. 하지만 그렇지 않아요! 자주, 완전히 바보가 되어 보지 않고서는 멋진 삶을 끌어낼 수 없어요.

우리는 '내면의 바보'와 친구가 될 필요가 있어요. 누구나 내면의 바보를 하나씩 가지고 있어요. 누구나 자기 안에 바보가 있다는 걸 알지만, 어떻게든 떨어뜨리려고 몸부림을 쳐요. 제발 그러지 마세요. 내면의 바보와 친구가 되세요. 밝은 곳에서 내면의 바보를 마주하세요. 그리고 누구에게나 내면의 바보가 있다는 걸 믿으세요.

그러니 거울을 보고 이렇게 말해 보세요. "난 바보야. 우리 엄마랑 아빠는 바보야. 할아버지 할머니도 바보야. 우리는 모두 바보야." 우리는 과거에도 바보였고, 미래에도 역시 바보일 거예요. 그리고 바보여도 괜찮아요. 그게 바로 인간이라는 뜻이니까요.

이제 좋은 소식이 있어요. 한 번 바보가 되고 나면, 또 바보가 되는 건 별문제가 아니게 돼요. 어린아이랑 얘기하려는데, 아이들이 우리를 바보 같다고 생각할 수 있어요. 연극반 선생님이 우리를 주인공으로 뽑아 주지 않을 수 있어요. 그렇다 해도, 우리가 이미 알고 있는 사실(우리가 바보라는 사실)을 확인했을 뿐이에요. 그리고 그래도 괜찮아요. 바보인 게 정상이라는 사실을 받아들이면, 우리는 자유롭게 여러 가지를 시도할 수 있어요. 그리고 가끔 일이 잘 풀리면 새로운 친구도 사귀고, 연극반에도 들어가고, 외국어를 배우게 될 거예요.

다음에 어떤 일을 하려는데 바보처럼 보일까 봐 두렵다면, '내면의 바보 선서'를 한번 보세요.

> **내면의 바보 선서**
>
> 실수할지도 몰라.
> 우스꽝스러울지도 몰라.
> 사람들이 다 보는데
> 횡설수설할지도 몰라.
> 아무도 날 원하지 않을 수도 있고,
> 무심코 엉뚱한 소리를 할 수도 있고,
> 분위기를 파악하지 못할 수도 있어.
> …
> 바로 이런 점 때문에 나는 인간이야.

가면 증후군

여러분은 뭔가 재미있는 일을 앞두고 있어요. 도시에서 최고로 손꼽히는 축구팀에 뽑혔거나, 훌륭한 예술 작품을 만들어 달라는 부탁을 받았거나, 인기 동아리에서 함께 활동하자고 제안 받았다고 생각해 봐요. 그런데 우리는 충분히 능력이 있음에도 불구하고 단지 자신감이 없어서 기회를 날려 버릴지도 몰라요. '가면 증후군'에 사로잡혀서 아무것도 못 하는 거예요. 가면 증후군은 다른 사람들은 괜찮다고 생각하는데, 정작 자신은 가면을 쓰고 잘하는 척한다고 믿는 증상을 말해요.

스스로 가면을 쓰고 있다고 느끼는 사람은 자신이 어쩌다 운이 좋아서 괜찮은 성과를 냈다고 생각해요. 실제로 잘하고 열심히 했는데도, 자신의 실력이 남보다 부족하다고 느끼며 진짜 실력이 들통날까 봐 걱정해요.

우리는 자기도 모르게 세상을 두 부류로 나눠요. 잘하는 척 사기를 치는 가면을 쓴 부류와 진짜로 잘해서 인정받는 부류로요. 그런데 많은 사람이 스스로 가면을 쓴 부류라고 생각해요. 자신만 아는 약점을 가지고 있으니까요.

저 사람들이 잘하는 건 당연해.
자신감 있어 보이고
확신에 차 보이고
완벽해 보이고
차분해 보이고
정상적으로 보이니까.

나는 가면을 쓴 거짓말쟁이야. 왜냐하면
나 자신을 의심하고
불안해하고
별난 생각을 하고
실수하고
화를 내니까.

가면 증후군의 문제는 남한테는 관대하고 자신한테는 너무 가혹하다는 점이에요. 다른 사람들은 실수도 안 하고 흠잡을 곳도 없다고 여기면서, 자신의 실수와 결점은 자신을 내리깎는 데 써먹어요.

하지만 사실은 진짜 능력이 있다고 여겨지는 사람들조차 우리와 똑같이 약점과 흠이 있어요. 이 사실을 왜 그렇게 믿기 힘들어할까요? 사람들이 자신의 흠을 말하지 않아서 그래요. 우리는 자신을 내면까지 속속들이 잘 알지만, 다른 사람이 어떤지는 겉으로 드러난 모습만 보고 알 뿐이에요. 다른 사람이 보여 주는 것만 보고 판단할 수밖에 없어요. 그러다 보니 자신이 다른 사람들보다 형편없고 나약하다는 결론에 다다라요. 하지만 모두 '성공 가면'을 쓰고 있어요. 가면처럼 공개적으로 드러난 사실만 가지고 판단한다면, 노래나 축구를 잘하기 위해서는 누구도 넘볼 수 없는 수준이어야 하고, 우리가 가지지 못한 엄청난 힘을 갖춰야 한다고 생각하게 돼요.

자신이 가면을 쓰고 있다고 느껴지면, 겉으로 보이는 증거는 부족할지라도 훌륭한 타인 또한 자신과 마찬가지로 다양한 약점을 지닌 사람이라는 사실을 기억하세요. 여러분이 성공하지 못할 이유는 없어요. 우리는 모두 바보 같은 면이 있고, 누구나 어느 정도 겁먹고 있어요. 그러니 한번 해 보자고요!

제12장

인내심

세상에 완벽한 사람은 없다

가족이나 친구처럼 우리가 아는 사람들은 짜증 나는 사람들이라고 생각하기 쉬워요. 아직 숙제를 안 했는데 엄마가 숙제했냐고 백만 번 물어보거나, 아빠가 이미 수백 번은 했던 긴 얘기를 또 늘어놓거나, 끙끙거리며 숙제를 하는데 동생이 한가하게 물구나무를 서거나, 친구가 저녁에 뭘 먹었는지 쓸데없이 자세히 설명하는 등 짜증 나게 군 기억이 있을 거예요. 심한 날에는 이런 생각이 들지도 몰라요. '대체 내 인생에 왜 이런 사람들이 들어온 거야?'

그럴 때 마음을 진정시키고, 인내심을 되찾고, 사랑하는 마음이 조금은 돌아오도록 돕는 연습이 있어요. 이 연습을 '강점이면서 약점 찾기'라고 불러요. 사람이 가진 모든 강점에는 약점이 뒤따르고, 모든 약점에는 특별한 강점이 있다는 뜻이에요.

여러분이 원래 좋아하던 사람이 어느 순간 진절머리 나게 느껴진다면, 자신에게 이렇게 물어보세요.

이 사람의 약점에서 강점은 무엇일까?

물론 약점이 가장 크게 눈에 띄겠지만, 잠시 생각해 보면 강점도 분명 있을 거예요. 사람의 존경스러운 면에는 결점이 존재하는 게 어쩔 수 없는 현실이에요. 어떤 면에서 누군가 뛰어나고 감동스럽

약점과 강점의 예시

약점	강점	약점	강점
잔소리하는 엄마	나를 사랑해 주고 내가 의지할 수 있음	했던 얘기 또 하는 아빠	유머러스하고 호기심이 많음
동생의 물구나무	재능을 타고난 운동선수	군것질을 좋아하는 친구	간식에 너그러움

여러분의 약점과 강점을 적어 보세요.

약점	강점	약점	강점
약점	강점	약점	강점

다는 사실은 그 이면에 약하고 짜증 나는 구석도 있다는 걸 뜻해요.

다음번에 친구나 가족에게 인내심이 바닥나는 순간이 오면, 이렇게 해 보세요. 그들의 좋은 점을 떠올린 뒤, 강점에는 늘 약점도 함께 따라온다는 사실을 기억하는 거예요. 먼저 앞에 나온 빈칸을 작성해 보고요. 빈칸을 작성하다 보면, 다음과 같은 깨달음을 얻게 될 거예요.

**세상에 완벽한 사람은
아무도 없다.**

사람은 누구나 엄청나게 많은 강점과 약점을 가지고 있고, 강점과 약점은 서로 연결되어 있어요. 어느 정도 못하는 게 있어야 잘하는 것도 눈에 보이는 법이에요. 일이라는 게 원래 다 그래요. 여러분은 어떤가요? 여러분에게도 훌륭한 점이 많지만, 분명 나쁜 면도 있을 거예요. 내가 사랑하고 나를 아끼는 사람들도 그 사실을 잘 알아요. 나의 강점과 약점이 서로 연결되어 있다는 점을 알고, 내 약점을 포용할 줄 아는 사람들이지요.

제13장

자연

위대한 자연 앞에서 참된 나를 돌아보기

자연이 좋다는 말은 많이 들어 봤을 거예요. 들판이나 숲에서 뛰어놀고 동물들과 어울려 살면 얼마나 좋을까요? 대부분 몸의 건강을 염두에 두고 이런 이야기를 하지요. 반려견을 키우면 함께 산책하면서 운동할 수 있고, 숲에 가면 허파에 맑은 공기를 가득 채울 수 있다고요. 모두 옳은 말이에요. 하지만 자연이 주는 혜택은 또 있어요. 자연은 우리 정신 건강에도 좋아요.

왜냐하면 자연은 우리에게 아무런 관심이 없기 때문이에요. 자연은 여러분이 SNS에서 팔로워가 얼마나 많이 생겼는지, 학교에서 누가 무슨 말을 했는지, 언제 반이 바뀌는지, 선생님한테 누가 누구를 고자질했는지, 날마다 우리를 불안하고 걱정하게 만드는 것들에 전혀 신경 쓰지 않아요.

양을 예로 들어 볼게요. 양은 여러분에 대해 아무것도 몰라요. 양은 여러분이 무슨 옷을 입었는지, 부모님이 누구인지, 몇 평 아파트에 사는지 궁금해하지 않아요. 그저 양으로 살아가기 바쁘지요.

양은 먹을 것이나, 편하게 앉아 있을 곳, 같이 목장에서 풀을 뜯는 친구들을 쳐다보는 것에만 관심 있어요. 여러분을 좀 신기하게 쳐다볼 수도 있지만, 솔직히 관심 있어서 보는 건 아닐 거예요.

자연의 이로움은 바로 이거예요. 그저 묵묵히 자기 일만 하는 존재와 함께 있으면, 여러분도 덩달아 너무 많은 생각을 하거나 의심하는 일 없이 자신의 일을 챙길 수 있어요. 양은 말을 못 하지만 한마디한다면, "나처럼 가만히 있어 봐. 내가 풀을 씹듯이 뭐라도 씹든가. 그리고 작은 일에 집중하고, 다른 건 알아서 굴러가게 놔두렴." 하고 말할지도 몰라요. 개나 고양이도 양과 비슷하죠. 배고프다고 해서 여러분을 잡아먹지 않을 많은 동물이 다 그래요. 핸드폰은 뒤로하고, 이런 동물들과 최대한 자주 시간을 가져 보세요.

자연의 또 다른 이로움은 무엇일까요? 땅거미가 질 무렵, 별들이 막 보이기 시작했을 때 드넓은 하늘을 보면 뭔가 차분해져요. 거대한 산, 절벽에서 보이는 바다, 비행기에서 내려다보이는 사막을 봐도 그렇지요. 자연 속에서 내가 작아지는 느낌이 드는 건 정말 멋진 일이에요.

보통 작아지는 기분이 드는 일은 나쁜 경험이에요. 예를 들어, 절교한 친구 앞에선 이런 기분을 느끼고 싶지 않을 거예요. 하지만 자연 앞에서는 작아지는 느낌이 들면 편안하고 차분해져요. 우리는 모두 작은 존재라는 것을 깨닫고, 우리가 중요하다고 생각한 고민거리는 아무것도 아닌 것처럼 느껴져요.

저 멀리 펼쳐진 산맥, 반짝이는 구름 뒤로 지는 해, 해안가 바위를 세차게 내리치는 거대한 파도 등 자연의 위대한 순간들을 목격하면, 상대적으로 우리 개개인의 삶은 작고 하찮게 느껴져요. 그 순간, 자연은 우리에게 겸허하라는 메시지를 보내는 것만 같아요.

> 자신이 바꿀 수 없다는 걸 받아들이고,

> 자신의 모습을 있는 그대로 인정하며 너무 걱정하지 말 것!

이런 깨달음은 큰 위로가 돼요. 자연은 우리 존재만 작아지는 느낌을 주는 게 아니라, 우리가 안고 있는 모든 문제와 적, 영웅까지 작게 만들어 주거든요.

어딘가 이상해진 컴퓨터, 나한테 차갑게 구는 친구, 부모님과 오늘 아침 말다툼한 일 등 지금까지 마음속에 어렴풋이 자리 잡았던 것들의 크기가 작아질 거예요. 자연은 우리가 온통 관심을 기울이는 사소한 문제에서 빠져나와 진짜 중요한 것에 집중하게 해 줘요. 자연은 우리가 세상을 바라보는 방식을 바로잡아 줘요. 그래서 자연과 시간을 보내야 해요. 자연은 걱정을 덜고 더 큰 그림을 잘 볼 수 있게 도와줘요.

제14장

어른의 세계

두 살짜리 아이에게 일곱 살이 되는 건 언제 일어날지 모를 머나먼 일로 여겨질 거예요. 어린 꼬마는 일곱 살이 되면 학교에 가고 글을 읽을 수 있다는 사실을 알지만, 그게 정말 무엇을 뜻하는지 전혀 모를 거예요. 일곱 살 아이에게 열다섯 살은 멀고 상상하기 힘든 세계예요. 나이가 들수록 어른의 세계는 점점 더 많이 보여요. 어른의 세계는 어떻게 보면 흥미롭고, 다르게 보면 무섭고 그냥 수수께끼 같은 복합적인 곳이지요. 이번 장에서는 이런 어른의 세계를 만나는 방법을 몇 가지 살펴볼 거예요.

누구나 아는 '유명한 사람'

어떤 어른은 유명해요. 유명인은 누구나 한 번쯤 그의 이름을 들어 봤고, 돈도 많이 벌었을 가능성이 높아요. 많은 사람이 그를 만나고 싶어 하죠. 유명인은 흥미로운 일도 할 수 있어요. 유명해지고 싶어 하는 사람은 많지만, 이름을 떨치기란 참 힘들어요. 1만 명 중에 단 한 명만 유명해질 수 있으니까요. 전교생이 500명인 학교가 20개 모였는데 그중 딱 한 명만 유명해지는 꼴이에요.

이번에는 이런 질문을 한번 해 볼까요? 유명해져서 나쁜 점에는 어떤 것이 있을까요? 여러분이 유명해진다면 아마 굉장히 많은 부러움과 질투를 받을 거예요. 사람들은 자기네 삶에 비해 여러분의 삶이 멋지다고 생각하고, 여러분의 성공을 배 아파하고, 심지어 나쁜 일이 생기기를 바랄지도 몰라요. 실수 한 번 하면 전 국민이 다 알게 될 테고요. 어디에서나 사람들이 여러분을 알아봐서 여러분은 평범한 일상을 즐길 수도 없을 거예요. 조용한 시간을 보내고 싶어도 누군가 여러분의 사진을 찍어 SNS에 올리는 바람에 그럴 수 없을 거예요. 또 유명한 사람들은 대체로 일을 아주 열심히 해야 해요. 게다가 유명한 사람들은 대부분 전혀 유명하지 않은 힘든 시절을 꽤 오래 보내야 했을 거예요.

우리는 유명한 사람의 삶에 대해 말할 때, 사람들에게 박수 받고 상을 받는 빛나는 순간에만 집중해요. 노력, 위험 부담, 어려운 협상, 비난, 불안 등 그들의 빛나는 삶 뒤에 도사리고 있는 온갖 궂은 일에 대해선 생각하지 않아요. 또 유명하지 않아도 흥미로운 일을 하는 수많은 사람에 대한 얘기를 들으려 하지 않아요. 아니, 이런 사람들의 이야기는 듣는 것 자체가 어려워요. 멋진 삶이라고 하면 가장 먼저 유명세가 떠오르겠지만, 그게 멋진 삶을 나타내는 정확한 그림은 아니에요.

세상의 그림자에 주목하는 '뉴스'

어렸을 적 부모님이 옛날이야기를 많이 들려주었을 거예요. 해님과 달님이 경쟁한 이야기, 왕자님과 결혼한 공주님 이야기, 집을 지은 돼지 삼 형제 이야기처럼요.

좀 더 나이가 들면 뉴스를 보기 시작해요. 지구 저편에서 지진이 났고, 도시에서 폭탄이 터졌고, 빙하에 문제가 생기고, 화난 사람들이 거리로 나오고, 사람들이 정치적 논쟁을 벌이고, 누군가는 칼로 사람을 찔렀어요. 뉴스에는 온갖 재난과 무서운 일들이 가득해요. 뉴스를 보면서 마음속 깊은 곳에서 '세상은 끔찍한 곳이야.'라고 생각할 수도 있어요. 그러면 나 자신이 작아지고 무기력한 느낌이 들죠.

그렇다면 뉴스가 어떻게 만들어지는지 생각해 보세요. 뉴스는 세상에서 일어나는 모든 일을 다루지 않아요. 날마다 일어나는 수십 수만 가지 일 중에서 극히 몇 가지만 말해 줘요. 정상적이고 괜찮은 일에 관해서는 알려 주지 않아요. 옆에 나온 그림을 뉴스로 다뤄 달라고 부탁하면, 아마 뉴스에는 이렇게 나올 거예요. "오늘 아주 끔찍한 일이 벌어졌습니다. 공원에서 한 행인이 과자를 도둑맞았습니다!" 여러분이 이 뉴스를 보거나 듣는다면, 그림 속 사람들이 어떤 하루를 보냈을지 전혀 감이 잡히지 않을 거예요. 세상에는 괜찮은 일, 좋은 일이 정말 많이 일어나요. 다만 뉴스에 그런 일이 언급되지 않을 뿐이에요.

다음에 뉴스를 보면서 마음이 무거워진다면, 잠시 한숨 돌리면서 세상은 뉴스에서 말하는 것만큼 나쁘지 않다는 점을 떠올려 보세요.

모래알처럼 많고 많은 '직업'

어린이와 어른의 큰 차이 중 하나는 바로 직업이에요. 어린이는 학교에 가는 반면, 어른은 직장에 가죠. 여러분은 어른이 되면 어떤 직업을 갖게 될까 걱정스러울 거예요. 분명 "나중에 크면 뭐가 되고 싶니?"라는 질문을 받아 봤을 거예요. 뭐가 되고 싶은지 아직 잘 모르는데, 꼭 알고 있어야 하는 것처럼 물으면 괜히 무섭게 느껴지지요.

직업이란 무엇일까?

직업의 가장 확실한 특징은 돈을 받는다는 점이에요. 하지만 왜 돈을 받는지는 분명하지 않아요. 선생님은 학교에서 일하고 돈을 받지만, 여러분이 학교에 간다고 해서 돈을 받지는 않아요. 프로 테니스 선수는 경기를 뛰고 돈을 받지만, 이 세상에는 돈을 받지 않고 테니스를 치는 사람이 수백만 명이나 있어요.

일을 하고 돈을 받는 이유는 누군가에게 도움이 되는 일을 하기 때문이에요. 선생님은 여러분이 지식을 배울 수 있도록 돕기 때문에 돈을 받아요. 테니스 선수는 여러분에게 멋진 경기를 보여 주기 때문에 돈을 받아요.

대부분의 직업은 남을 돕는 일이에요. 그래서 우리는 일을 즐길 수 있는 거예요. 사람들은 다른 사람에게 도움이 되고 있다는 느낌을 좋아하거든요. 그래서 가장 재미있고 행복한 직업은 돈을 많이 받는 직업이 아니라, 다른 사람에게 도움이 되고 있다는 느낌을 뚜렷하고 강하게 받는 직업이에요.

나한테 맞는 직업은 어떻게 찾을까?

어떤 직업을 가지면 좋을지 모르겠다고요? 다음과 같은 방법으로 생각해 보세요. 처음에는 직업과 전혀 상관없어 보여서 놀랄 수도 있어요.

먼저 노트를 펴고 여러분이 좋아하는 일을 떠올리며 빠르게 쭉 적어 보세요. 스케이트보드 타기, 방 정리하기, 일기 쓰기, 강아지 산책시키기, 파티에 가기 등 어떤 일이든 괜찮아요. 이런 목록은 미래의 직업으로 안내하는 가이드가 되어 줘요. 아, 혹시 축구를 좋아하면 프로 축구 선수가 되어야 할 것 같고, 보트 타기를 좋아하면 배에서 일해야겠다고 생각했나요? 직업을 찾는 것은 그렇게 간단하지 않아요.

여러분이 글쓰기를 좋아한다고 가정해 볼까요? 어떤 사람은 여러분에게 나중에 커서 소설가가 되라고 말할 거예요. 흥미로운 제안이지만 도움이 되진 않아요. 온종일 소설만 쓰는 사람은 거의 없어요. 영국이나 프랑스처럼 꽤 큰 나라에서는 해마다 소설책이 1만

권이나 출간되지만, 작가가 먹고살아 갈 수 있을 만큼 충분히 팔리는 책은 그중 100여 권에 불과해요. 100권 중 한 권만 많이 팔리는 셈이지요. 글을 쓰는 것은 아주 힘든 일이고 운도 많이 따라야 한다는 뜻이에요.

글쓰기에 관심이 있다는 것은 직업을 찾는 데 있어 눈여겨볼 단서이긴 하지만, 그 사실이 여러분에게 어떤 직업이 어울리는지 직접적으로 알려 주는 것은 아니에요. 이제 다음 질문을 던져 볼게요. 왜 글쓰기를 좋아하나요? 다른 사람을 이해할 수 있어서 글쓰기에 관심이 있는 건지도 몰라요. 설명하기를 좋아하거나, 한참 동안 생각에 빠져 있는 것을 좋아할 수도 있고요. 이 모든 게 글쓰기가 주는 즐거움일 수 있지만, 글을 써야만 얻을 수 있는 즐거움은 아니에요. 오히려 다양한 직업으로 방향을 넓힐 수 있는 시작점으로 볼 수 있지요.

여행 상담사도 사람들을 이해할 줄 알아야 해요. 사람들을 잘 이해할수록 고객이 여행지에서 무엇을 원하는지 빠르게 알아내 성과를 올릴 수 있으니까요. 회사에서 팀장 역할을 맡고 있다면 설명을 잘해야 해요. 그래야 팀원들이나 관련 부서 사람들에게 무슨 일을 해야 할지 정확하게 전달할 수 있으니까요. 나에게 딱 맞는 직업을 찾으려면, 이렇게 '내가 좋아하는 것'에만 몰두하지 말고 한 단계 더 까다로운 질문으로 넘어가야 해요.

**나는 왜
그 일을 좋아할까?**

여러분이 농구를 좋아한다고 가정해 볼까요? 농구 경기를 할 때 좋은 것에는 어떤 것들이 있는지 자신에게 물어보세요. 소속감이 느껴져서 좋아할 수도 있고, 연습할수록 실력이 느는 성취감을 좋아할 수도 있어요. 훌륭한 선수와 함께 경기할 때 배울 점을 찾는 것이나, 팀원들과 협동해서 이길 전략을 생각하는 것을 좋아할 수도 있어요. 아니면 죽을 힘을 다해 뛰면서 땀을 흘리는 느낌을 좋아하는 것일 수도 있지요.

이것이 바로 '근본적인 즐거움'이에요. 보통은 "난 농구를 좋아해."라고 말하지만, 바로 이런 근본적인 즐거움 때문에 특히 농구를 좋아하는 거예요.

다음 장에 나온 목록을 보세요. 왼쪽에는 여러분이 좋아하는 일을 쓰고, 오른쪽에는 어떤 특별한 점 때문에 그 일을 좋아하는지, 즉 '근본적인 즐거움'을 최대한 많이 써 보세요. 꽤 까다롭고 시간이 오래 걸릴 거예요. 빈칸을 빨리 채우지 못해도 괜찮아요. 마음속에 그 질문을 새겨 두고 서서히 깨닫는 점들이 생기면 그때 적어도 돼요. 앞에서 예로 든 것을 빈칸에 미리 적어 놨어요. 나머지 칸은 여러분이 채워 보세요.

'즐거움'이 어떤 직업을 가져야 할지 꼭 집어 알려 주진 않지만 힌트를 줄 수는 있어요. 여러분이 느끼는 즐거움은 어떤 일을 직업으로 삼아야 흥미와 만족을 얻을 수 있을지 짐작하게 해 줘요.

다음에 누군가 나중에 커서 뭐가 되고 싶냐고 질문한다면, 아직 생각하는 중이라고 대답하면 돼요.

내가 좋아하는 것	좋아하는 것과 관련된 특별한 즐거움
글쓰기	사람을 이해하기, 설명하기, 혼자 일하기
농구	소속감, 성취감, 팀원들과 전략적으로 협동하기

스스로 적어 보세요

어떤 직업이 좋을지 아직 알 수 없는 이유

진로를 일찌감치 정하고 싶다고요? 그건 말도 안 되는 일이에요. 겨우 열두 살짜리가 평생 뭘 하고 싶은지 제대로 알 순 없어요. 스무 살이 넘은 어른들도 무엇을 해야 할지 모르는 경우가 많은걸요.

이렇게 단정적으로 말하는 한 가지 이유는 세상에는 수없이 많은 직업이 있고, 그 직업들이 무슨 일을 하는 건지 우리가 명확히 알지 못하기 때문이에요. 어른이 되어서 무슨 일을 하고 싶냐고 물으면 우리는 수의사나 변호사나 앱 개발자처럼 우리가 익히 알고 있는 직업을 주로 떠올리는 경향이 있어요. 그런데 세상엔 이런 직업만 있는 게 아니에요. 물류 관리 전문가, 안전기사, 치위생사, 여론조사 전문가, 채용 관련 전문가나 호텔에서 아침 메뉴를 짜는 일에 대해서 알고 있나요? 정말 다양한 종류의 직업들이 있지만, 사람들은 각각의 직업들이 왜 재미있고 즐길 만할지 모를 거예요.

달리 말하면, 여러분이 즐기면서 일할 수 있는 직업이 수없이 많다는 뜻이에요. 무슨 일을 할지 알아내자는 말은 나한테 완벽하게 딱 맞는 단 하나의 일을 발견하자는 뜻이 아니에요. 그보다는 자신이 근본적으로 어떤 일을 즐기는지 찾고, 그런 즐거움이 다양한 직업의 세계에서 어떤 일과 맞물리는지 살펴보자는 거예요. 의외로 자신의 즐거움과 겹쳐지는 직업을 많이 찾을 수 있을지도 몰라요.

지금 당장 알아야 할 문제는 아니에요. 다른 사람에게 도움을 주고 돈을 받을 수 있는 일 중에서 자신의 성격과 딱 맞아떨어지는 일을 찾아내려면 오랜 시간이 걸려요. 당연히 그래야만 하고요. 여러분이 서른 살 즈음에 찾게 되더라도 아주 깜짝 놀랄 만큼 빠른 거예요. 꽤 많은 사람이 자신에게 딱 맞는 직업을 찾는 데 그보다 더 오래 걸리거든요.

인생의 한 가지 재료, '돈'

어른들은 돈 얘기를 많이 해요. "돈이 중요한가요?"라고 질문하면, 대답은 간단하지 않아요. 어떤 사람은 돈이 아주 많아도 전혀 행복하지 않아요. 어른이 되어서 돈이 별로 없으면 아주 힘들 수도 있어요. 하지만 돈이 별로 많지 않아도 삶을 즐기며 사는 사람들이 수없이 많아요.

돈을 요리에 들어갈 재료라고 생각해 봅시다. 돈은 설탕이고(설탕은 많을 수도 있고 적을 수도 있어요) 여러분이 케이크를 만들고 싶어 한다고 상상해 보세요. 설탕이 많다면, '커다란 케이크를 만들 수 있겠다. 좋았어!' 하고 생각할 수 있어요. 하지만 사실 그렇지 않아요. 설탕 말고 또 어떤 재료를 가지고 있느냐에 달렸거든요. 밀가루나 달걀이 없다면, 설탕이 아무리 산더미처럼 쌓여 있어도 케이크를 만들 수 없잖아요. 설탕이 아주 적게 있으면 다른 맛있는 음식을 만들면 돼요. 다른 좋은 재료들이 있다면요. 팬케이크나 (치즈가 있다면) 피자를 만들어도 괜찮아요.

케이크를 만드는 재료

| 설탕 | 밀가루 | 달걀 | 초콜릿 |

| 버터 | 바닐라 | 견과류나 각종 과일 | 우유 |

즐거운 인생을 만드는 재료

| 돈 | 상상력 | 인내심 | 친절 |

| 유머 감각 | 용서 | 너그러움 | 모험심 |

이처럼 돈은 인생의 한 가지 재료일 뿐, 돈만 있다고 해서 행복해지는 건 아니에요. 좋은 삶을 이루는 다른 재료들은 돈과 달라요. 여기서 다른 재료는 여러분의 생각과 감정, 성격과 관련 있어요. 이런 재료들이 있다면, 설령 돈이 없어도 많은 걸 할 수 있어요.

 많은 사람이 돈을 그저 인생의 여러 재료 중 하나로 여기지 않기 때문에, 돈 얘기는 종종 혼란스럽게 들려요. 돈을 유일한 재료처럼 말하는 사람은, 요리사라면 누구나 아는 진실을 잊어버린 거예요.

제15장

독립하기

독립, 홀로여도 마음은 늘 함께

어렸을 때는 부모님으로부터 독립하는 건 상상할 수도 없었어요. 세 살 꼬마일 때는 부모님이 옷을 입고 이를 닦는 걸 도와주고, 여러분이 칭얼거리면 안아 주곤 했지요. 열 살이 되어도 여전히 부모님의 도움이 필요해요. 부모님이 음식과 옷을 사 주고, 지낼 곳과 그밖에 많은 것을 마련해 줘요. 그래도 두 살 때보다는 훨씬 독립적이 되었어요. 열 살이 되어서도 부모님이 "자, 이제 스웨터에 이쪽 팔을 넣자. 잘했어, 이제 다른 팔. 이런, 얼굴이 사라졌어! 쏙, 아, 여기 머리 나왔네! 정말 똑똑해요!" 하고 말하면 짜증 나지 않겠어요?

10년 뒤에는 친구들과 한집에 살거나 부모님 없이 여행을 떠나기도 할 거예요. 음식도 알아서 챙겨 먹고, 일자리도 구하고, 돈을 모으고, 운전도 하고, 공항에서 어떻게 해야 하는지도 다 알게 될 거예요. 아침에 혼자 일어나고, 언제 잠자리에 들지도 여러분이 정하기 나름이에요. 지금은 무섭게 들릴 수도 있지만, 독립에 필요한 것들을 10년 동안 서서히 배워서 전혀 무섭게 느껴지지 않을 거예요.

독립은 마치 여러분이 부모님을 버리거나 반대로 부모님이 여러분을 버리는 것처럼 들려서 슬프게 느껴질 수도 있어요. 하지만 실제로는 누가 누구를 버리는 게 아니에요. 여러분은 부모님과 떨어져서도 꽤 행복하게 살 수 있어요. 부모님을 여전히 사랑하고, 가깝게 느끼고, 때로는 부모님의 도움과 조언을 바랄 때도 있을 거예요. 점점 독립적으로 변한다는 것은 제대로 성장하고 있다는 신호예요.

그동안 어른들의 보살핌을 잘 받았기 때문에 이제 자기 자신을 잘 보살필 수 있게 된 거예요. 그러기까지 많은 수고와 사랑이 필요했지요.

그러니까 독립을 특별한 관점에서 이해해 보세요. '내면화'라는 특이한 용어가 있어요. 내면화는 다른 누군가의 총명하고 유익한 생각이 자신의 것이 될 때 일어나요.

길을 안전하게 건너는 법을 배웠을 때를 생각해 보세요. 처음에는 어른이 꼭 함께 있어야 했어요. 어른이 여러분의 손을 잡고, "잠깐 멈춰. 왼쪽을 보고, 이제 오른쪽을 보고. 저기 차가 오고 있지? 그래, 빨간 자동차네. 기다려야겠다. 이제 오른쪽, 왼쪽. 양쪽 다 차가 없어서 안전해. 하지만 길을 건너면서 차가 오는지 계속 주의를 기울여야 해!" 하고 말해 줘요. 하지만 서서히 이런 말을 여러분 스스로 하게 돼요. 여러분이 부모님의 가르침을 내면화하고 있는 거예요. 여러분의 머릿속에 부모님의 목소리가 담겨 있기 때문에, 부모님이 꼭 옆에 붙어 있지 않아도 돼요. 몸은 떨어져 있어도, 부모님의 목소리가 여러분의 머릿속에서 찻길을 조심하라고 말하고 있을 테니까요.

아이들은 언제 자야 하는지 오랫동안 부모님의 간섭을 받아요. 부모님이 "이제 피곤하니 그만 자야 해."라고 말해 주지만, 점점 여러분 스스로 "난 지금 피곤하니까 자야겠다."라고 말할 수 있게 돼요. 어린 시절 부모님이 해 준 말이 내면화된 거예요.

마침내 여러분은 부모님이 옆에서 도와줄 필요가 없을 만큼 부

모님을 내면화할 거예요. 여러분이 부모님한테 관심을 두지 않아서가 아니에요. 오히려 반대로, 여러분은 부모님의 사랑과 관심을 내면화해서 마음속에 간직하고 있는 거예요. 마음으로 가까이 느끼기 위해서 꼭 몸까지 함께 있을 필요는 없어요. 여러분이 어디를 가든, 내면화한 부모님과 늘 함께할 거예요.

그림 출처

69   토머스 게인즈버러, 〈윌리엄 핼릿 부부〉, 1785년, 캔버스에 유화, 236cm× 179cm, 런던 내셔널갤러리.

90   필립 갈레, 〈화가의 작업실〉, 1595년경, 판화, 암스테르담 레이크스미술관.

91   제임스 거스리, 〈새로운 목초지로〉, 1883년, 캔버스에 유화, 92cm×152.3 cm, 애버딘 애버딘미술관, 프랜시스 에드먼드가 1888년에 선물.

92   얀 스테인, 〈마을 학교〉, 1670년경, 캔버스에 유화, 81.7cm×108.6cm, 애든버러 스코틀랜드국립미술관, 1984년에 내셔널 헤리티지의 도움으로 개인 거래로 구입.

126   매릴린 먼로의 사진, 1953년 5월. 캘리포니아 할리우드. 앨프리드 아이젠스타트 사진/더라이프픽처컬렉션/게티이미지.

128(위) 도메니코 기를란다요, 〈노인과 손자〉, 1490년경, 포플러 나무 패널에 템페라, 62.7cm×46.3cm, 파리 루브르박물관.

128(아래) 렘브란트 판 레인, 〈헨드리키에 스토펠스〉, 1650년대 중반, 캔버스에 유화, 78.4cm×68.9cm, 뉴욕 메트로폴리탄 미술관, 1926년에 아처 헌팅턴이 아버지인 콜리스 포터 헌팅턴을 기리며 기증.

155   뤼돌프 바크후젠, 〈폭풍우 속 군함〉, 1695년경, 캔버스에 유화, 150cm×227cm, 암스테르담 레이크스미술관. 렘브란트협회의 지원으로 구입.

옮긴이 _ 신인수

성균관대학교 대학원에서 번역학을 전공했습니다. 오랫동안 어린이책을 만드는 편집자로 일했고, 지금은 외국의 좋은 작품을 찾아 우리말로 옮기는 일을 하고 있습니다. 옮긴 책으로는 《서프러제트》, 《초등학생이 알아야 할 참 쉬운 정치》, 《글로벌 경제 교실》, 《착해도 너무 착한 롤리의 일기》, 《뭐가 되고 싶냐는 어른들의 질문에 대답하는 법》 등이 있습니다.

행복하냐는 질문에 대답할 수 없다면
힘들고 지친 당신을 위한 15가지 깨달음

지은이 알랭 드 보통, 인생학교 | 옮긴이 신인수
펴낸날 2022년 3월 30일 초판 1쇄, 2025년 7월 10일 초판 5쇄
펴낸이 신광수 | 출판사업본부장 강윤구 | 출판개발실장 위귀영
아동인문파트 김희선, 설예지, 이현지 | 출판디자인팀 최진아, 당승근 | 출판기획팀 정승재, 김마이, 이아람, 전지현
출판사업팀 이용복, 민현기, 우광일, 김선영, 신지애, 허성배, 이강원, 정유, 정슬기, 정재욱,
       박세화, 김종민, 정영묵
출판지원파트 이형배, 이주연, 이우성, 장현우, 전효정

펴낸곳 (주)미래엔 | 등록 1950년 11월 1일 (제16-67호)
주소 서울특별시 서초구 신반포로 321
전화 미래엔 고객센터 1800-8890
팩스 (02)541-8249 | 홈페이지 주소 www.mirae-n.com

ISBN 979-11-6841-137-1 (74910)
     979-11-6413-909-5 (세트)

KC 마크는 이 제품이 공통안전기준에 적합하였음을 의미합니다.
사용 연령: 8세 이상

* 책값은 뒤표지에 있습니다.

* 파본은 구입처에서 교환해 드리며, 관련 법령에 따라 환불해 드립니다.
  다만, 제품 훼손 시 환불이 불가능합니다